电子信息工程与机电一体化建设

DIANZI XINXI GONGCHENG YU JIDIAN YITIHUA JIANSHE

主　编　张　勇　史慧芳　于凤臣

副主编　李艳彬　张兆峰　陈　瑶

　　　　夏思凡　刘　锐　姚　超

　　　　熊　林　谢庆龙

汕头大学出版社

图书在版编目（CIP）数据

电子信息工程与机电一体化建设 / 张勇，史慧芳，于凤臣主编 . -- 汕头 ： 汕头大学出版社，2024. 10.

ISBN 978-7-5658-5424-8

Ⅰ . G203；TH-39

中国国家版本馆 CIP 数据核字第 2024DK2366 号

电子信息工程与机电一体化建设

DIANZI XINXI GONGCHENG YU JIDIAN YITIHUA JIANSHE

主　　编：张　勇　史慧芳　于凤臣

责任编辑：郑舜钦

责任技编：黄东生

封面设计：刘梦杳

出版发行：汕头大学出版社

　　　　　广东省汕头市大学路 243 号汕头大学校园内　　邮政编码：515063

电　　话：0754-82904613

印　　刷：廊坊市海涛印刷有限公司

开　　本：710mm×1000mm　1/16

印　　张：11

字　　数：190 千字

版　　次：2024 年 10 月第 1 版

印　　次：2025 年 1 月第 1 次印刷

定　　价：58.00 元

ISBN 978-7-5658-5424-8

PREFACE 前言

　　随着电子信息产业的高速发展，当前社会已经进入信息时代，电子信息技术成为当代最活跃、渗透力最强的科学技术，随着我国科学技术的迅速发展和人民生活水平的不断提高，各种信息技术的应用已经进入千家万户，成为现代家庭生活中不可缺少的重要组成部分。通讯产品、通讯技术和相关的名词，也逐渐为广大群众所认识和接受。

　　机电一体化控制技术是采用电子技术控制机械运动的一门技术，是以微型计算机为代表的微电子技术，信息技术迅速发展，向机械工业领域迅猛渗透，机械、电子技术深度结合的现代工业的基础上，综合应用机械技术、微电子技术、信息技术、自动控制技术、传感测试技术、电力电子技术、接口技术及软件编程技术等群体技术，从系统的观点出发，根据系统功能目标和优化组织结构目标，以智能、动力、结构、运动和感知组成要素为基础，对各组成要素及其间的信息处理、接口耦合、运动传递、物质运动、能量变换机理进行研究，使得整个系统有机结合与综合集成，并在系统程序和微电子电路的有序信息流控制下，形成物质和能量的有规则运动，在高功能、高质量、高精度、高可靠性、低能耗意义上实现多种技术功能复合的最佳功能价值系统工程技术。

　　随着我国经济形势不断改革，国民生产力及其相应的生产技术也得到了发展，因此，生产制造领域的规模也随之不断扩大，这样一来，自动化控制技术就得到了广泛的应用，同时自动化控制技术也是当今人类科学技术发展的基础。从目前的发展现状来看，自动化技术的应用程度很高，有很广阔的市场前景，越来越受到人们的重视。

　　本书围绕"电子信息工程与机电一体化建设"这一主题，以电子信息工程为切入点，由浅入深地阐述了工程中的信号与信息、信号处理系统、信息处理系统、信号与信息传输系统等，并系统地论述了电子技术基础、电子信号处理与管理应用等内容。此外,本书对机电一体化进行了实践探索,介绍了机电一体化机械设计技术、机电一体化的计算机控制技术。本书内容翔实、条理清晰、逻辑合理,兼具理论性与实践性,适用于从事相关工作与研究的专业人员。

由于作者水平有限,疏漏之处在所难免,欢迎广大读者批评指正。

CONTENTS 目 录

第一章　电子信息工程综述

第一节　工程中的信号与信息

从电子技术的角度看，电子设备的基本功能是对电压或电流信号进行处理，并以应用系统所要求的方式输出处理结果。而电子设备中电压或电流信号的处理方式和电路、设备的结构，则由相应的算法决定。因此，要了解电子信息系统，首先必须了解电子信息工程中的信号与信息表述形式。

一、信号与信息

信号与信息是电子信息工程的两个重要基本概念，是电子信息系统设计、分析与应用的重要基础。

(一) 信号与信息的工程定义

信号和信息是电子信息系统的处理对象 (或叫作工作对象)。

信息是客观事物的自然属性，是客观事物与其外部其他客观事物无关的内在表现，提供了客观事物的基本运行规律以及对外部世界的反映。信号则是现实世界中不同事物的一种外在表现形式，是信息的一种输出方式和驮载工具。简单地说，在电子信息工程中，信息和信号是系统处理对象，系统通过信号处理的方式实现信息处理。

例如，空调系统通过传感器获得环境温度信号，通过对信号的处理获得有关环境温度的信息，再根据环境温度信息控制制冷设备或制热设备来调整环境温度。在这个系统中，传感器把环境温度转换为电压信号，电压信号与环境温度成比例，再经过信号转换，微处理器就可以对环境进行控制。在这个例子中，传感器输出的电压信号中驮载了温度信息 (环境温度)，通过电子电路使得传感器输出的电压信号幅度与环境温度成比例关系，这实际上是完成从信号中提取信息的工作。由电压信号转换获得的数字信号，就是微处理器系统的输入信息。处理器系统执行根据算法设计的处理程序，对输入的温度信息进行处理，并利用处理结果来控制其他的设备。这就是一个完整的信号—信息—输出的信息处理过程。

(二) 信号与信息的本质区别

值得指出的是，信息有着确定和唯一的定义，而信号则仅是一种物理量的描述，不具有确定和唯一的定义。这是信号与信息的本质区别。

例如，一个正弦波电压信号。这个信号可以是发电机输出的电压，给出了发电机工作状态信息。也可以是某个电子信号源的输出，给出了振荡电路工作状态的信息。所以，正弦电压信号仅仅是代表一种信号形式，不能仅根据这个信号判定这是一个什么系统的输出，或者仅根据这个信号明确地指出这代表一种什么样的物理系统。

但是，如果已知正弦波信号是发电机输出电压，则可以通过对这个信号的测量，获得发电机工作状态的信息。这里的"已知"确定了信息的确切存在和作用，而"测量"则代表信息的提取。

(三) 信号的基本分类

在电子信息工程中，为了研究和处理方便，根据不同的限制条件对信号进行了分类。

1. 确定性信号与统计信号

在科学研究和工程技术中，根据信号的数学性质，把信号划分为确定性信号和非确定性信号两大类。

在工程实际和科学研究中，对于独立变量坐标系统（如时间和空间），如果能够确切知道一个信号在任何坐标点的值，这种信号就叫作确定性信号。确定性信号可以利用确定的数学表达式来描述，其任何坐标点上的数值都可通过计算获得。同时，其处理方法相对比较简单，对电子系统的要求相对比较低。一个确定性信号可以用一个解析数学表达式来描述，可以准确地计算出任何时刻的信号值以及信号的频率。

简单地说，如果无法确定信号在任意指定坐标点的数值，则这种信号就叫作非确定性信号。非确定性信号只能用统计的方法来描述信号趋势，而无法确定某个坐标点上的信号值。非确定性信号的处理方法比较复杂，需要复杂的处理算法才能完成，对电子系统的要求比较高。例如，电子元器件中的噪声一般都是非确定性信号，可以描述为白噪声信号，这是一个非确定性信号，只能用统计方式来描述其数学期望和方差等。

2. 连续信号、离散信号和数字信号

在科学研究和理论分析中，连续信号、离散信号和数字信号有如下定义：

（1）随坐标变量连续变化的信号，叫作连续信号。

（2）仅在某些坐标变量的离散点上有值的信号，叫作离散信号。

（3）由数据序列组成的信号叫作数字信号。

在电子信息系统中，电子电路、处理算法和系统结构都是针对所处理信号来设计的，因此，上述定义对工程技术有着重要的意义。

二、电子信息系统中的信号

由于电子信息系统的任务是对信号进行处理，为便于对系统进行设计与分析，电子信息工程中依照系统的技术特征和处理方法对信号进行分类和定义。也就是说，不同的系统处理不同的信号。在电子信息系统中，把载有信息内容的电压或电流变量叫作信号。从电子技术的角度看，信号可以分为模拟信号和数字信号两大类。

（一）模拟信号

在工程技术中，把不是直接用数字方式表示的物理量叫作模拟量，物理量所形成的信号叫作模拟信号。例如，电池输出电压、人体血压和心电信号，导线中的电流，等等。这些物理量都不是直接以人类所能理解的数字量（数据）方式给出，而是以电压或电流波形的方式给出。对模拟信号来说，只有进行了相应的测量转换后才能得到具体数值（如用电压表测量后才知道具体的电压数值）。

由于电子电路只能处理电压或电流信号，因此，电子信息系统中的信号都是电压信号和电流信号。又由于直接处理电流信号的电路比较复杂，所以，电子信息系统中的主要信号是电压信号。

在信号处理中，有些电子系统只能处理随时间连续变化的电压信号，而有些电子系统只能通过开关来处理离散信号。因此，模拟信号又分成连续时间信号和离散时间信号。

（1）连续时间信号是随时间连续变化的信号（如语音信号、生物信号、力信号等）。

（2）离散时间信号对时间变量来说是不连续的，但其值仍然是以电压或电流表示的模拟量。离散时间信号是一个特殊的模拟信号，其在时间或空间上由离散点上的信号值组成，各点值是模拟量，而不是一个数据。

由此可知，从形式上看，模拟信号可以是时间连续的，也可以是时间离散的。

（二）数字信号

电子信息系统中有"数字信号"和"数字逻辑电平信号"两种信号。

1. 数字信号

电子信息系统中的数字信号是一组数据表示的数字序列，数字信号中的每一个数据都表示信号在某一时刻或空间位置的数值。例如，{1，2，3，4，5，6，7，8，1，3，5}。

在电子信息系统中，数字信号处理指的就是对这种数字序列形式的信号处理。必须指出，在电子信息工程和其他工程技术中，还使用与离散信号相同的表示方法来形象地描述数字信号，这样做是为了直观了解数字信号的变化趋势，其坐标点的信号幅度是已知的数据。这实际上也包含了一个重要概念，即数字信号是离散的。

2. 数字逻辑电平信号

在电子信息技术中，电路划分为模拟电路和数字电路两大类。模拟电路所处理的信号是模拟信号，模拟信号可以是连续时间信号或离散时间信号。

数字电路所处理的信号是逻辑电平信号，所谓电平，是指电压幅度。在数字电路中，一般使用两种不同的电压幅度来表示逻辑值"1"或"0"，即数字电路技术中使用高电平和低电平表示二进制的"1"和"0"。因此，数字电路中的电压信号只有两个数值，要么是高电平，要么是低电平。

这种信号叫作"数字逻辑电平信号"，有时也简称为"数字电路信号"或"数字电平信号"，在讨论数字电路时有时也直接叫作数字信号。由于电子技术中的数字电平信号只有两个电平值，因此也叫作逻辑信号或开关信号，信号的电平也叫作逻辑电平。

三、对信号处理的基本要求

在电子信息系统中，所有的有用信息都由各种信号来表示，为了保证信息提取的正确性，信号处理必须满足如下要求。

(一) 低噪声

在工程实际中，所谓噪声是指不希望出现的信号，噪声的存在总会对信号的处理产生不良影响。由于电路结构、处理算法以及环境等影响，电子信息系统所处理的信号中总会夹杂一定的噪声。如果正弦波信号中夹杂有一定数量的白噪声，当噪声幅度大于一定程度时，正弦波信号已经无法辨认了。在信号处理技术中，低噪声就是信号中的噪声要低于信号处理所要求的最低噪声，也就是信号中混杂的噪声不能影响信号处理的效果。

(二) 保留完整信息

电子信息系统处理信号的目的是能够从信号中提取各种有用的信息，因此，信号处理系统不能对信号所驮载的信息产生影响，以便保证所提取信息的正确性和客观性。例如，正弦波的频率代表某种信息，如果信号源输出的是纯净的正弦波，而信号处理系统输出的信号还可以通过相应的处理得到信号的频率信息，当原有正弦波的频率信息已经无法测量，也就是信号处理系统没有保留完整的信号。

(三) 适合传输与保存

电子信息系统为了对信号进行处理，往往需要对信号进行传输和保存。例如，把传感器采集到的数据传输到计算机网络的某个终端、广播电视或移动通信系统等，都需要对信号进行传输和保存。对于电子信息系统来说，并不是所有信号源提供的信号都能满足传输和保存的要求。例如，语音信号的频率很低，不利于远距离的传输；再如，图像信号的数据量十分庞大，不利于直接保存等。为了满足传输和保存的需要，电子信息系统必须采用相应的技术，如调制解调技术、压缩存储技术等。电子信息系统中采用的传输和保存技术，必须能够保证信号信息的完整性和低噪声特性。另外，如果所采用的信号传输和保存技术过于复杂，就会增加电子信息系统的复杂性和工程成本。因此，电子信息系统要求所使用的传输和保存技术在满足处理目的的同时，还要不能过于复杂。

第二节　信号处理系统

在工程实际中，把能独立完成所需功能的元器件、电路或算法叫作系统，能独立完成部分功能的系统叫作子系统。信号处理系统是电子信息系统的核心部分，因此，满足各种不同信息处理要求的信号处理技术是电子信息系统的核心技术。

信号处理系统可以划分为模拟信号处理系统和数字信号处理系统两大类。

一、信号处理基本技术

信号处理技术是电子信息系统的核心技术之一。从计算的角度看，可以把信号处理看成是一种数学计算，如对时间信号的处理可以表示为一个函数计算，即 $y(t) = f[x(t)]$ 由此可知，信号处理技术实际上就是用电子信息技术实现所需要的数学计算，而信号处理系统所代表的是一个数学计算的算法。

(一) 模拟信号处理

模拟信号处理技术，是一种利用模拟电路实现信号处理的技术，就是用模拟电路来完成所需要的计算工作。模拟信号处理技术是针对模拟信号所提出的处理技术，其目的是提供各种模拟信号的基本处理运算。

1.放大

信号放大技术是模拟信号处理中最常用的技术，信号放大电路也是模拟电子技术的基本电路。信号放大的目的，是对信号的幅度进行放大，以满足信号处理的要求。从数学上看，放大电路代表的是输入信号与大于等于1的常数相乘的乘法计算。因此，放大技术是一种弱信号处理技术，其基本要求是在满足幅度放大要求的同时，尽可能地降低信号中的噪声。

2. 滤波

由于信号中混杂有噪声，而噪声超过一定程度就会影响信号处理的正确性，因此，模拟信号处理需要对信号和噪声进行分离处理，这种把信号与噪声分离开的信号处理技术，就叫作滤波。滤波电路代表的是一种复杂计算过程。

3. 变换

信号变换是指把信号从一种坐标形式变换为另一种坐标形式，目的是提供特殊的信号处理技术。在电子信息系统的信号处理技术中，最常用的变换就是把时间信号变换为频率信号（从时间域变换到频率域），以及把频域信号变换为时域信号。

4. 转换

信号转换技术是模拟信号处理中的一个重要技术。从数学的角度看，信号转换就是把信号从一个形态转换为另一个形态，这相当于一种数学映射处理。信号转换的目的，是把信号从一种形式转换成另一种形式，以便于信号的传输或保存。例如，把连续时间信号转换为离散时间信号，把模拟信号转换为数字信号等。在信息处理中，最常用的信号转换有 ADC、DAC 和调制解调几种基本技术。转换电路也是复杂的数学计算算法。

5. 分离

信号的分离技术，是指把一个信号根据要求分离为两种或两种以上的信号。信号分析的基础是信号波形，所以，信号分离技术的目的，是把含有两种或两种以上的波形成分分离开，以便进行相应的处理。模拟信号的分离技术是一项十分复杂的信号处理技术。在工程实际中，实现信号分析的电子信息系统的基本结构代表了一种信号分离的计算方法。

6. 合成

在电子信息系统中，信号合成具有十分重要的地位。信号合成的目的是根据应用系统的需要产生所需要的信号，如通信系统中的载波信号、微处理器系统中的时钟信号等。从数学的角度看，任何一个信号都可以用一个数学表达式来描述，这个数学表达式所描述的可以是确定性信号，也可以是非确定性信号。如何实现所需要信号的函数，也是电子技术的重点研究内容之一。同时，与信号分离相反，在许多应用系统中信号合成技术的目的是把两种或两种以上的信号按照一定规则合成为一个新的信号。

(二) 数字信号处理

与模拟信号处理不同，数字信号处理是一种基于数值计算的信号处理技术。由于数字信号处理可以十分方便地实现复杂计算，因此，数字信号处理技术已经成为现代信号处理的基本技术。

毫无疑问，数字信号处理的核心，就是处理所需要的计算方法。

1. 数字滤波

数字滤波是最早发展起来的数字信号处理技术。数字滤波技术是在微处理器系统中，利用软件方法对数字信号实现滤波处理。由于数字信号处理可以比较方便地实现复杂计算，所以，数字滤波技术不仅能对简单的一维信号进行滤波处理，同时还能对二维图像信号实行滤波处理。同时，各种非确定性的滤波处理方法也随着数字滤波技术的发展而得到了发展，如自适应滤波处理等。目前，数字滤波已经成为最基本的数字信号处理技术，因而得到了广泛的应用。

2. 变换

在现代信号处理中，利用各种数学变换实现信号处理和信息提取是一项基本的技术。数学变换的特点是计算比较复杂，因此在模拟信号处理中，变换都是靠比较复杂的电路来实现的。而使用数字信号处理技术，各种数学变换可以通过编程在计算机中来实现，同一个计算机系统中，通过执行不同的程序就可以实现各种不同的数学变换。正是由于数字信号处理技术的应用，才使得数学变换成为最基本的信号处理和信息处理技术。

3. 转换

模拟电子信息系统中的信号转换，是通过各种专用的电路系统实现的。由于信号转换对信号参数的控制精度要求比较高，因此，使用模拟电子系统难以实现高精度的信号转换。使用数字信号处理技术后，由于转换是利用数字计算的方法实现信号形态的转换和映射，因此，数字信号处理在信号转换中具有精度高、速度快、易于实现等许多优点。

4. 分解与合成

从数学的角度看，信号的分解与合成是根据一定的运算规律对信号进行划分或重组，与模拟信号处理技术相比较，数字信号处理技术在信号的合成与分解中具有十分明显的优势，可以实现复杂规律下的直接信号分解与合成。

在现代电子信息系统中，全数字信号合成技术是一项基本技术，各种通信系统、控制系统、计算机系统中的高频率高稳定度信号几乎全部由数字合成技术来实现。同时，在现代电子信息系统中，为了实现图像信号与信息的处理，需要对图像信号进行复杂的信号分解与合成，例如，多媒体处理系统中的图像压缩与解压缩技术中，数字信号处理技术还提供了图像重建和重构基本技术，这实际上也是一种信号合成技术。

5. 信号提取

信号提取是数字信号处理的一个重要组成部分。信号提取的任务是在强噪声背景下把有用信号提取出来，如水声信号提取、盲信号提取等。由于信号提取的信号处理计算十分复杂，用模拟电子技术几乎无法实现，因此，现代信号处理中只能用信号处理的方法来实现。

二、信号处理系统基本结构

信号处理系统是电子信息系统的核心。可以把电子信息系统的结构划分为逻辑系统和物理系统两个层次。逻辑系统是指信号处理的完整计算过程和信号流程，包括信号输入、信号调整、信号处理和信号输出。物理系统则是指实现逻辑系统的物理设备所构成的电子系统，包括模拟信号处理电路、数字信号处理电路、微处理器系统等。

作为电子信息处理系统的核心，信号处理系统也分为逻辑系统和物理系统两个层次。逻辑系统的结构描述了信号处理算法的过程以及不同处理阶段的参数，而物理系统的结构则提供了逻辑系统的实现技术。

信号处理系统的逻辑结构，每个模块代表一个处理计算子系统。其中：

（1）信号输入。信号输入部分的功能是提供相应的匹配，使得信号处理系统能够与信号源实现最佳匹配，以保证信号的正确输入。

（2）信号调整。信号调整部分的任务是提供对输入信号的调整，使其后的信号处理部分能够达到最佳处理效果。

（3）信号处理。信号处理部分是信号处理系统的核心，其功能是实现所需要的处理算法，最终实现对信号的处理（如变换、转换、压缩等）。

（4）信号输出。信号输出部分的功能是提高信号输出能力，使信号处理系统具有相应的驱动能力，以满足其他系统对信号的要求。信号输出部分对于信号处理系统来说是十分必要的，也是十分重要的。

（5）信号调理电路。用模拟电路来实现，完成阻抗匹配、信号放大或衰减、简单滤波等电路。这一部分电路一般由运算放大器、电阻和电容等元件构成。

（6）转换电路1。对经过调整的信号进行变换处理，以满足信号处理电路的要求。例如，如果输入的信号是已调制信号，则信号转换电路对信号进行解调，即还原信号。信号转换电路在数字信号处理系统中是必不可少的，其任务是把模拟信号转换为数字信号，这时，信号转换电路就是 ADC（模拟信号—数字信号转换）电路。

（7）信号处理电路。信号处理电路的特点是对信号进行处理，而不需要对信号的功率进行处理。由于信号的处理目标随应用要求而变化，因此，信号处理电路有各种不同的电路结构。如果使用模拟电路实现信号处理，则信号处理电路结构比较复杂，参数的精度不易控制，同时，电路还与元器件的老化有关。如果使用数字信号处理技术完成信号处理，则信号处理电路一般由微处理器系统构成，微处理器系统对信号转换电路提供的数字信号进行处理。

（8）转换电路2。对经过处理的信号进行所必需的变换处理，以满足驱动电路和信号输出的要求。例如，对信号进行调制，或把已经处理的数字信号转换为模拟信号（DAC，数字信号—模拟信号转换）。

（9）驱动电路。驱动电路的任务是对经过处理的信号进行相应的能量增强，以保证后续其他电路对信号功率的要求。例如，后续电路是信号传输系统，则驱动电路必须保证信号能够满足传输电路对信号形式、幅度、功率等参数的要求。

信号处理系统的逻辑系统提供了信号处理的计算要求，即处理要求，而物理系统则是根据逻辑系统，利用电子技术和计算机技术来实现逻辑系统。由此可知，物理系统的设计目标就是逻辑系统，物理系统是逻辑系统的实现方法。

第三节　信息处理系统

一、信息处理基本定义

在电子信息系统中，信息的定义有很多种。信息的定义主要是由应用领域来确定，如广播系统发出的语音可以直接定义为信息，在控制系统中，各种控制命令提供了系统控制信息，图像提供了有关物体形状的信息等。在信息理论中，还用数学工具对信息作了定义，这种对信息的数学定义在通信工程中具有重要的意义。不过电子信息工程所研究的信息处理，则主要依据应用领域的要求来定义信息。

(一) 信息的基本定义

信息是一个十分复杂的概念，同时又是人类有史以来广泛应用的概念。

信息是对客观事物本质的描述，同时，信息又是对客观事物的主观理解。人类有史以来，就需要对客观世界进行描述，如天气变化用风、雨、阴、晴等概念来描述，而这种描述代表了若干种自然现象，对自然现象的描述使人类能够相互交流。同时，对人类活动的描述也是人类生活的必需。通过生产和生活，人类对各种事物赋予了客观的描述，这种描述用来在人之间进行交流。由此可知，信息就是对客观事物的描述。人类在描述客观事物的同时，还需要考虑客观事物活动所产生的结果，从而可以对客观事物进行判断，并提出相应的决策，这些对客观事物的判断、传递和决策形成了新的认识，而这些认识又成为信息传输的内容，形成新的、更加高级的信息，这就决定了信息的复杂性。

在计算机进入人类生活后，信息处理就成为计算机的主要任务。为了实现计算机对信息的处理，人类把各种客观事物用各种形式和结构的数据来描述，由此计算机的信息处理就成为在给定算法的条件下对数据进行处理。

实际上，许多信息的描述还处于模糊的阶段，人类对客观事物的描述还处于不断探索的阶段，因此，信息处理实际上就是人类活动的本质。

由此可知，信息处理就是对客观事物的处理，而客观事物的描述就是信息。为了处理不同领域的信息，就需要不同领域的研究工作者对各种信息进行确切的定义，然后形成计算机所能理解的数据。

正是由于信息是人类活动的基本属性之一，所以，信息处理技术不可能像电子技术那样提供统一的方法和技术。例如，对医学信息的处理，对不同疾病的描述（信息抽取）仍然处于不断探索、不断更新的阶段。

信息处理是现代电子信息系统的主要应用领域。信息处理是一个十分广泛的概念，一般指按不同要求，用计算机对数据进行加工（归纳、整理、分类、统计、转化等）得出有用结果的数据处理过程。处理结果可以是数据、报表、曲线、控制命令、新的信息等。在电子信息工程中，信息是由各种形式的信号所驮载的。因此，电子信息工程中有些信号处理也属于信息处理的范围。

对于信号中所包含信息的处理，就是电子信息工程所定义的信息处理。由于信息处理涉及各种应用领域，因此，电子信息工程的信息处理主要在于提供有关信息提取、信息识别和信息传输的基本方法与技术上。信息处理系统是一个十分复杂的系统，这是由于信息的定义和内容千差万别。所以，信息处理系统是一个以智能处理为核心的电子信息系统。在电子信息系统中，信息以各种信号的形式存在，又以不同的信号形式表现出来。

信息处理与信号处理是完全不同的两种处理概念：

（1）信号处理所关心的是信号本身，其目标是对信号进行处理。

（2）信息处理所关心的是信息（信号的意义），其目标是对信息进行处理。

在电子信息系统中，信息的载体是信号，即信号驮载着信息。因此，要完成信息处理工作，就必须从信号中拾取信息。

（二）电子信息工程中信息处理的基本定义

电子信息工程的核心是提供可用于信息处理的方法和技术，而不可能是各种不同领域的信息处理方法。因此，电子信息系统的主要任务是提供可用来进行信号和数据处理的方法与技术。

在电子信息工程中，信息处理的定义是：

(1) 根据规则和定义，用电子技术从信号中提取信息。

(2) 根据算法，用电子技术分析信息。

(3) 根据要求，用电子技术传输信息。

例如，根据关键字在互联网中搜索相关的文章或图片，根据统计资料对天气形势进行判断等，都需要从文字或图像数据提取和识别所要求的信息，同时，还需要对表述信息的数据进行传输。

值得指出的是，有些信号的提取和识别本身就属于信息提取和识别，这时信号就代表了信息。例如，在强噪声背景下把所定义的信号提取出来，或对所接收的信号进行相应的计算来识别是否存在所希望的信息等。

二、信息处理基本技术

在电子信息系统中，信息处理是通过对信号的适当处理，来完成信息提取、信息分析和信息传输。

(一) 信息提取

信息提取的目的是根据信息的定义，从各种信号（数据）中分离出符合定义的信息。例如，通过对广播信号的处理提取出图像并加以显示，对语音信号进行处理提取出有关的语言信息，通过对心电图（ECG）波形的分析提取心跳信息等。

通过对心电图数据的分析，可以提取出明显表示每次心跳的信息（心跳标志），心跳信息就是两次心跳之间的时间间隔，进而可以确定每分钟心跳的次数。信息提取包括信息检测、信息估计和信息识别。必须指出的是，这里的检测、估计和识别都需要首先对信号（或数据）中的信息进行确切的定义，而这种定义就是对信息的属性或特征的描述，是信息提取的基本出发点。电子信息系统的任务，就是提供实现信息提取的具体技术。

信息提取通常是一个比较复杂的计算过程，不仅需要预先确定信号中所驮载信息的确切定义，还需要通过对数据的精确处理来识别。例如，从ECG中提取心跳信息时，确定了每个尖峰信号的起始点作为心跳标志，但从图中可以看出，每次心跳所对应尖峰信号的幅度各不相同，由此可知，如何通过数据处理来确定是否为尖峰信号，还需要比较精确的计算方法。

(二) 信息分析

信息分析是信息处理的重要内容，也是应用领域对电子信息系统提出来的技术要求。电子信息系统中的信息分析可以归结为数据处理，就是把所有从信号中提出来的信息转变为描述信息的数据，再利用一定的算法对信息进行计算处理，从而实现对信息的整理、转化和分类，为信息应用提供重要的基础。

信息分析与信息提取不同。信息提取的核心是对信息的确切定义，而信息分析的核心是信息之间的映射关系。这种信息之间的映射关系可以用逻辑推理的形式来描述，也可以用系统参数的方法来描述。因此，在电子信息工程中，信息分析是信息关系建模和模型分析算法的实现。可见，信息分析实际上属于人工智能领域，电子信息系统的任务，是提供建模和分析的工具。

要在电子信息系统中完成上述工作，首先是利用中心线模型计算两个梁的中心线，这就是信息提取，然后再根据夹角计算模型完成信息分析，就是计算出夹角。由此可知，电子信息系统必须支持两个模型的计算。这种支持必须满足计算精度和速度的要求。在电子信息系统中，信息分析是一项十分复杂的技术，必须同时考虑两方面的问题，一个是算法的时间 (计算速度) 和空间 (数据存储) 复杂性，另一个则是工程成本。也就是说，信息分析必须要选择最佳的电子信息系统。

(三) 信息传输

信息传输是信息的一种存在形式，电子信息工程提供了各种不同的信息传输方法与技术，在电子信息工程所提供的信息传输方法和技术中，其核心是实现信息的无损实时传输。由于电子信息系统中的信息全部以信号的形式存在，因此，电子信息工程提供了各种不同的信号传输技术。

信息传输需要解决的问题：

1.信息的最佳传输方法

最佳传输是指信息传输能满足应用领域的要求，这个要求就是在给定的条件下，保证信息完整无损地在规定时间内完成传输。例如，在通信系统中，要求能够把信息实时地从一点传送到另一点。信息传输方法限制条件一般包括信息量、信息的表述形式、信息传输通道、信息处理设备等。

例如，"明天10点召开学术委员会会议"这样一条信息，其中包括时间、召开和会议类别这样三个基本信息元素，因此是一组信息，只有成组传输才能保证信息的有效性和无损失。同时，时间和召开是否有效还受到会议类别的制约，也就是说，接收者必须知道了会议类别后，才能获得信息的全部内容，信息才有效。这样，就必须考虑信息接收者的信息接收方法，在电子信息系统中使用电子邮件发送信息时，就必须考虑收件人是否能在开会之前看到电子邮件，等等。由此可知，对信息的最佳传输方法的研究是一个既重要又涉及广泛的问题。

对最佳信息传输的研究，一直是电子信息系统的重要研究课题。特别是随着信息技术的应用领域日益扩大，最佳传输对信息系统的应用显得越来越重要。

2. 信息压缩方法

在现代社会中，由于信息量巨大，就必须考虑信息的时效性问题。例如，视频图像中含有丰富的信息，但其数量很大，要实现实时有效传输，就必须对视频图像进行压缩。信息压缩方法对信息存储技术、信息处理技术和信息传输技术等具有十分重要的意义，是电子信息工程领域的重要研究内容之一。

目前，在电子信息工程中的信息压缩方法与技术主要集中在数据压缩方法与技术上，这是因为在电子信息系统中所有的信息都以数据形式出现（各种信号都属于数据）。同时，从信号中提取信息是一个十分复杂的问题，目前还无法直接对信息进行压缩。因此，电子信息系统的信息压缩技术研究主要集中在数据压缩的理论、方法与实现技术上。

三、信息处理系统基本结构

信息处理系统的基本结构也可以划分为逻辑结构和物理结构两个层次。

(一) 信息处理系统的逻辑结构

逻辑结构提供了信息处理算法的结构，代表了理想的信息处理系统结构。

信息处理逻辑结构是对算法的一种描述，提供了数据处理的方法和时间顺序。

信息处理逻辑结构中各部分的功能如下：

（1）数据预处理算法：提供信息处理所需要的数据，如低噪声数据等。

（2）数据整理1：根据信息处理和所使用的物理结构的需要，对经过预处理的信息进行整理，以满足信息处理核心算法对数据格式、数据范围等的要求。

（3）信息处理核心算法：具体的信息处理算法，是系统基本设计目标。

（4）数据整理2：对经过处理的信息数据进行整理，以满足系统对信息输出的要求。例如，图像处理结果的输出方式、语音处理结果的输出数据格式，控制系统的控制命令格式等。

（5）数据输出算法：根据对信息处理结果的形式和输出要求，实现对处理结果的输出。例如，在安全监视系统中，图像信息处理的结果是确定是否有入侵现象，并根据图像处理的结果发出声光报警信号等，同时，可能还要求把图像发送给网络中的某些终端。

（二）信息处理系统的物理结构

物理结构提供了实现信息处理算法逻辑结构的计算系统，计算机、微处理器及相应的网络构成了当今所有的信息处理系统。必须注意，信息处理系统物理结构的核心是处理器，而要实现信息处理的逻辑结构，还需要相应的软件系统。因此，信息处理系统的物理结构一般是指具有对应软件支持能力的微处理器系统。例如，大型计算机系统、PC机系统、嵌入式系统（一种功能强大的微处理器系统）、DSP（Digital Signal Processing，数字信号处理）处理器系统等。

第四节 信号与信息传输系统

信号与信息传输系统是电子信息系统的重要组成部分，也是电子信息工程所研究的主要领域。在电子信息工程中，主要研究信号传输方法的实现技术，而信息传输方法与技术则主要由各种不同的应用领域来完成。

一、信号传输与信息传输的基本概念

信号传输仅考虑传输方式，无失真和实时等基本要求，不需要考虑信号所驮载的信息内容。信息传输则主要考虑信息在传输过程中的表述方式，以保证信息无损失地正确传输。

(一) 信号传输的基本概念

在电子信息系统中，信号传输技术有如下几个重要的基本概念。

（1）信源或数据源。这是指产生信号或数据的人、物体或设备。信源或数据源对电子信息系统的信号或数据的输入技术有着重要的影响，信源或数据源特性是设计电子信息系统信号输入设备的重要依据。

（2）信道或数据通道。这是指电子信息系统中传输信号或数据的通道，如双绞线、计算机系统中的总线、无线信号传输的空间等。信道或数据通道对电子信息系统的结构和传输特性有着重要的影响，信道或数据通道不仅是设计电子信息系统的重要依据，同时，往往也是应用系统提出的具体要求。例如，雷达信号总是通过无线信道传输、计算机系统中的数据传输等。

(二) 信号传输

信号传输是电子信息系统的基本工作内容。通过信号传输实现信号处理，而信号处理又提供了对信号传输的支持。例如，交通信号所考虑的是提供有效的交通指挥信息，保证车辆行人的安全通行，这时考虑红、绿、黄的简单编码即可，但重点要考虑在尽可能远的距离上信号有效。因此，这时考虑的主要是信号传输与可靠性。在电子信息系统中，根据信号性质划分为模拟信号传输和数字信号传输，也可以根据信道性质划分为有线传输和无线传输。

1. 模拟信号传输

模拟信号传输是指用模拟电信号来传输信号，例如，模拟话音信号传输，是对语音信号进行放大后直接传输。模拟信号传输要求传输信道必须是能够处理模拟信号的模拟电子电路。

2. 数字信号传输

数字信号传输是指直接利用数字逻辑电路来传输信号，所传输的信号是数字逻辑电平信号。由此可知，数字信号传输的基本特征是传输数字逻辑电平信号，而不能用来传输模拟信号。在工程实际中，一般不能直接使用数字信号传输实现信号或数据的远距离传输，而是要通过相应的调制方法来传输数字信号。

（1）串行数字信号传输在数字信号传输中，所有的信号都是以二进制数据方式出现的，即信号由 0 和 1 组成，每一位二进制数字叫作一个比特。在传输时，如果按数据中比特的顺序逐位传输，就叫作串行数字信号传输。这时对传输信号的信道要求不高，例如，PC 机的串行通信接口，仅需要 2 根导线就可以与其他数据设备之间实现数字信号传输。

（2）并行数字信号传输。并行数字信号传输与串行数字信号传输不同，是同时传输多位数字信号。并行数字信号传输的并行特征由同时传送的数字位数来描述，一般是以计算机中的比特、字节（每字节 8 比特）字（两字节 16 比特），双字（四字节 32 比特）等来描述。例如，PC 机中的总线，就同时传输 32 比特或 64 比特二进制数据。可知，并行传输的速度要高于串行传输，但是对传输系统的物理设备提出了较高的要求，需要有多条传输线路。此外，还可以通过传输波形的形状来实现相应的并行传输。目前，并行传输主要应用于计算机内部的数据传输，只有少部分应用在不同的数字设备连接中。

3. 有线信号传输

有线信号传输，是指通过导线或者光纤传输信号。有线信号传输的特点是信号的信道封闭，通过连接线实现信号传输。

4. 无线信号传输

无线信号传输，是指通过无线发射和接收的方法实现信号传输。无线信号传输的特点是信道开放，信号在开放的空间中传输。

（三）信息传输

对电子信息系统来说，信息传输方法与技术是确定信号以及信号传输的基础。通过对信息传输的分析，提出相应的信号及其传输技术。

例如，交通指挥系统需要采集交通网络中的各种交通信息，如车辆信息、行人信息、道路信息等，这些信息提供了交通指挥系统的各种控制决策的基本信息，这时要求的是信息的有效传输，如视频信息、符号信息等。从技术上看，信息传输是一个复杂的研究领域。同时，信息总是驮载在相应的信号之上的，因此，电子信息工程中主要研究的是信号或数据传输的理论、方法与技术。

二、信号或数据传输系统基本结构

信号或数据传输是电子信息工程的主要研究领域之一。由于信号或数据的处理与信号或数据的传输紧密相关，电子信息系统的基本结构就是一个信号或数据的流通结构，因此，信号或数据的传输结构决定了电子信息系统的主要结构。

(一) 逻辑结构

逻辑结构的功能是对信号的传输路径、传输特征和传输参数进行描述，从而给出了电子信息系统的基本逻辑结构。

如果把信号或数据看成是一种流动的物质，则传输路径描述了信号或数据的具体流向和所经过的路径。这种流向和路径的确定应与系统信号或数据处理对时间顺序和信号（或数据形式）要求相一致。因此，信号或数据的传输路径实际上提供了系统各处理部分之间的连接要求，描述了信号或数据传输所经过的系统逻辑结构，所以，代表了系统的逻辑结构。在电子信息工程中，一般用方框图、信号流图等不同的方式来描述信号或数据传输的逻辑结构，即系统的基本逻辑结构。

在信号或数据传输的逻辑结构中，还提供了对信号或数据的传输特征，如模拟信号传输、数字信号传输等。这种特征就是对电子信息系统中不同处理部分的基本要求。逻辑结构的另一个内容，是描述了传输参数，如模拟信号传输的频带宽度、模拟信号的最大和最小幅度要求、数字信号传输的速度、并行或串行方式等。值得指出的是，为了保证信号或数据的正确传输，同时也为了不同电子系统之间能够通畅地传输信号或数据，在电子信息系统中对不同设备之间、不同处理系统或电路之间的信号或数据传输制定了各种相应的标准，这种标准也叫作传输协议。在电子信息系统中，信号或数据的传输必须满足相应协议的要求。在信息网络和信息技术的应用领域日益扩大的今天，电子信息系统正在逐渐走向全数字传输的技术时代。在数字系统中，协议显得尤为重要。特别是数字传输中，协议起到了逻辑设备的作用，保证了数据能够可靠地传输。在电子信息系统中，一般采用通信系统的七层逻辑结构来描述系统，也就是说，使用七层逻辑结构模型。

(二) 物理结构

信号或数据传输的物理结构，实际上就是电子信息系统的物理结构。电子信息系统的物理结构包括物理设备以及物理设备之间的物理连接，从理论和技术的角度上看，物理连接实际上也是一种设备。

物理结构的基本特点，是能够满足信号或数据传输的全部功能和参数要求，必须支持信号或数据的传输协议。例如，在计算机网络中，传输线路和各种接口设备提供了对物理层的支持，能够满足所需要的物理层参数，而链路层协议则是通过软件或专用硬件来实现，保证数据包的正确，等等。必须指出，在电子信息系统的设计中，使用什么样的传输协议或传输标准，使用什么样的传输模式，应当根据具体的应用要求来确定。因此，信号或数据传输的物理结构也是千变万化的。

第五节 电子信息工程中的仿真技术

一、仿真的基本概念

电子信息工程是一个十分复杂的应用科学与技术，在工程设计和技术应用中需要大量的、复杂的分析与计算。同时，由于元器件、电路、系统和算法的应用领域十分广泛，几乎涵盖了现代工业、农业和科学研究所有领域，因此，电子信息工程技术在应用中必然会引起浩繁的分析，这对电子信息工程技术的应用是一个严重的影响。半个世纪以来，随着计算机科学与技术、电子科学与技术和信息科学与技术的发展，电子信息工程不仅为其他科学研究成果和工程技术的应用做出了贡献，同时，也为自身的发展提供了重要的理论与技术，使自身总是处于不断发展之中。电子信息工程发展的一个重要成果，就是为自身和其他科学技术的研究与应用提供了基于计算机，模型和算法的工程仿真技术，用来解决工程技术应用中的复杂分析与计算问题。电子信息工程中的仿真，是一种利用计算机实施分析计算的科学研究方法，是不通过真实制造来获得研究结果的方法。在进行仿真时，首先要建立研究目标的模型，并把相应的物理模型转换为数学模型，然后再用计算机对其进行计算，从而获得模型系统运行结果。由此可知，仿真的基础是模型，如果模型不符合设计要求，则仿真的结果也不会满足研究和设计要求。仿真技术中包含以下几个基本概念，这些是仿真技术在电子信息工程中应用的最基本概念。

(一) 仿真模型

在仿真技术中，模型是根据实际情况通过物理描述和数学抽象而建立的仿真目标。例如，要设计一个放大电路，则仿真模型就是这个电路的信号处理模型和电路相关的元器件参数模型。所以，仿真能否取代真实物理系统，完全取决于模型是否正确。

(二) 建模方法

仿真技术的一种重要组成部分就是提供电子信息工程所需要的建模方法，就是说，仿真技术需要提供相关问题的描述方法，而这种描述是工程中的描述，而不是语言文字的描述。同时，使用仿真技术提供的建模方法所建立的模型，必须是仿真工具所能识别并能执行的操作对象。

(三) 计算方法

计算方法是指仿真技术中所使用的数值计算方法。由于仿真技术要提供对模型的分析，同时还要考虑计算的速度，因此，仿真技术会提供各种不同的数值计算方法。使用仿真工具时要注意所提供方法的计算精度，在某些场合下，计算精度会严重影响仿真分析的结果。

二、电子信息工程中的系统仿真

系统仿真，是指把研究对象看成一个完整的系统，并在仿真系统中利用相应的工具建立系统各变量的关系模型，再利用仿真系统提供的工具对模型运行(计算)。系统仿真的特点：可以通过建立系统不同部分的模型，以及利用仿真系统提供的模型工具，直接建立系统的整体模型，并能够通过仿真计算获得系统的行为特性和参数特性。

这里，系统行为特性是指系统输入与输出之间的关系，即电子电路或系统对信号处理的结果，系统的参数特性则是指影响系统行为特性和技术性能的系统参数，系统参数往往代表了系统的结构。

系统仿真方法的特点：

(1)无须建立全系统的数学模型或分析模型就可以对系统的设计进行仿真评价。

(2)可以极大地缩短系统研制时间，特别是对于复杂系统，可以在物理设计之前对设计思想进行检验。

(3)可以通过建立系统的局部模型来构建完整的系统仿真模型，从而获得完整的系统模型。

由此可知，系统仿真为元器件、电路、系统或算法的研究与设计提供了快捷便利的研究方法与工具。

Matlab 是 Mathworks 公司提供的重要的建模与模型仿真计算的工具，是当前全球流行的工程计算工具。利用 Matlab 可以比较方便地建立电子系统的宏模型，求解各种方程，以各种二维或三维图表显示仿真计算结果。Matlab 的另一个重要特点，也是其广泛使用在科学研究和工程技术领域的原因之一，是 Matlab 提供了多种电子信息工程系统的仿真模块。利用这些仿真模块，可以十分方便地构建出工程系统的宏模型，通过对工程参数和环境参数的调整，对电子系统进行分析研究。

三、电子元件与电路系统的仿真工具

电子元器件和电路系统设计是电子信息工程技术领域的基本工作。自20世纪90年代开始，工程实际上都是使用专用的仿真系统来完成元器件和电路系统的设计与分析。电子信息工程中的电子元器件和电路系统的仿真技术，叫作电子设计自动化（Electronic Design Automation, EDA）技术。EDA 技术属于计算机辅助设计（CAD）技术的范围。

（一）EDA 技术的作用

电子系统的 EDA，工具是基于 PC 机、工作站以及网络资源的专用计算软件，用来完成电子系统的设计和分析，其功能包括电路分析与设计、印制电路板（PCB）设计、电子元器件和集成电路设计、电子元器件和电子系统应用开发和管理等。

在传统的电路设计中，需要经过画图、搭实验电路、制电路板和测试分析等，不仅工作量巨大，而且纠错很困难。例如，用传统的方法设计规模在每片 10 万晶体管以上的集成电路（IC）需要耗费 60 人年的工作量。利用 EDA 软件对电路进行设计和仿真分析验证，则可大大缩短设计时间，而且电子电路的 EDA 软件工具通常具有设计规则检查（DRC）、电气性能检查（ERC）等功能，从而大大减小了返工率。利用 EDA 工具设计电子系统，一般都采用高层次设计提供的一种"自顶向下"的设计方法。这种设计方法首先从系统级设计入手，在系统级进行功能方框图的划分和系统结构设计。通过系统级的仿真分析和验证，可以确定系统设计模型的正确性。系统级设计完成后，再用 EDA 提供的综合与优化工具生成具体电路结构，这个电路结构对应于物理电路，可以是印刷电路板或专用集成电路。

EDA 技术的主要作用包括：

1. 验证电路方案设计的正确性

当要求的系统功能确定以后，首先采用系统仿真或结构模拟的方法验证系统方案的可行性，这只要确定系统各环节的传递函数（数学模型）便可实现。这种系统仿真技术可推广应用于非电专业的系统方案设计，或某种新理论、新构思的方案设计，进而对构成系统的各电路结构进行模拟分析，以判断电路结构设计的正确性及性能指标的可实现性，这种精确的量化分析方法，对于提高设计水平和产品质量具有重要的指导意义。

2. 电路特性的优化设计

器件参数的容差和工作环境温度将对电路工作的稳定性产生影响。传统的电路设计方法，很难对这种影响进行全面的分析和了解，因而也就很难实现电路的优化设计。EDA 技术中的温度分析和统计分析功能，既可以分析各种恶劣温度条件下的电路特性，也可对器件容差的影响进行全面的计算分析。

3. 实现电路特性的仿真测试

电子电路的设计过程中，大量的工作是各种数据测试及特性分析。但由于受测试手段及仪器精度所限，有些测试项目实现起来十分困难，甚至不可能进行测试。例如，超高频电路中的弱信号测量及噪声测量、某些功率输出电路中具有破坏性质的器件极限参数测试，再如高温、高电压、大电流等。采用 EDA 工具，由于是根据模型进行仿真计算，因此可以方便地实现全功能测试，也可以直接模拟各种恶劣工作环境及各种极限条件下的电路特性而无器件或电路损坏之虑，较之传统的设计方式要经济得多。

(二) 数字电路信号与模拟电路信号处理电路的 EDA 工具

对于数字逻辑电路信号处理电路或系统，工程中可以使用如 ModelSim、QuatusII 等工具。ModelSim 是 Mentor Graphic 公司提供的数字逻辑系统设计工具，提供了有关数字逻辑电路的设计和仿真工具，是一个比较流行的数字集成电路设计或 FPGA 设计的自动化工具。

对于模拟信号处理电路，目前工程中有多种 EDA 工具，如 MultiSim 等。目前，所有的模拟信号处理电路的仿真工具都采用一种基本仿真模型，即 SPICE（Simulation ProgramwithIntegrated Circuit Emphasis）模型，这是一种能够模拟和分析一般条件下的各种电路特性的工程模型。

第二章　电子技术基础

第一节　电路基础

电路理论是高等学校电子与电气信息类专业的技术基础课，为该类专业后续的许多课程提供理论支持。本节将简要描述电路理论的基本概念和基础知识。对于本课程的深入学习，将在后面的专业课程中进行。

一、电路和电路模型

电路是电流的流通路径。电路的基本功能是实现电能的传输和分配或者电信号的产生、传输、处理加工及利用。在中学的物理中，我们已经知道一个最基本的电路必须包含三项要素：电源、负载和导线。但实际电路在运行过程中的表现却相当复杂，电路的电池和灯泡要在数学上精确描述十分困难，为了用数学的方法从理论上判断电路的主要性能，必须对实际元件在一定条件下忽略其次要性质，按其主要性质加以理想化，从而得到一系列理想化元件。所谓电路模型，就是把实际电路的本质抽象出来所构成的理想化的电路。将电路模型用规定的理想元件符号画在平面上形成的图形称作电路图。

一个简单的电路模型图，含有电阻、负载和电源等电路元件。电源是电路中极其重要的一个电路元件，它不仅是指大家所熟悉的电池、发电机之类的电源，还包括信号源等。按其是否依靠外部能源，可分为独立电源和非独立电源两类。

独立电源又可分为独立电压源和独立电流源两种。电压源和电流源都是从实际电源抽象得到的电路模型，它们是二端有源元件。

日常生活中常见的实际电源（如发电机、蓄电池等）的工作原理比较接近电压源，其电路模型是电压源与电阻的串联组合。而像光电池一类的器件，工作时的特性比较接近电流源，其电路模型是电流源与电阻的并联组合。

上述电压源和电流源常常被称为"独立"电源,"独立"二字是相对受控电源而言的。受控(电)源又称"非独立"电源。受控电压源的激励电压或受控电流源的激励电流与独立电源的激励有所不同,后者是独立量,前者则受电路中某部分电压或电流控制。

受控电压源或受控电流源因控制量是电压或电流,可分为电压控制电压源(VCVS)、电压控制电流源(VCCS)、电流控制电压源(CCVS)和电流控制电流源(CCCS)。

二、基尔霍夫定律

1845 年,德国人 G.R. 基尔霍夫提出集总参数电路中流入节点的各电流和回路各电压的固有关系的法则,该法则阐明了集总参数电路中流入和流出节点的各电流间和沿回路的各段电压间的约束关系,被称为基尔霍夫定律。

基尔霍夫定律:如果将电路中各个支路的电流和支路电压作为变量来看,这些变量受到两类约束。一类是元件的特性造成的约束,如线性电阻元件的电压与电流必须满足 u=ri 的关系。这种关系称为元件的组成关系或电压电流关系(VCR),即 VCR 构成了变量的元件约束。另一类约束是由于元件的相互连接给支路电流之间或支路电压之间带来的约束关系,有时称为"几何"约束或"拓扑"约束,这类约束由基尔霍夫定律体现。

基尔霍夫电流定律(KCL)指出:"在集总参数电路中,任何时刻,对任一节点,所有流出节点的支路电流的代数和恒等于零。"此外,电流的"代数和"是根据电流是流出节点还是流入节点判断的。若流出节点的电流前取"+",则流入节点的电流前取"-";电流是流出节点还是流入节点,均根据电流的参考方向判断。

基尔霍夫电压定律(KVL)指出:"在集总电路中,任何时刻,沿任一回路,所有的支路电压的代数和恒等于零。"

三、电路中的常用定理

(一)叠加定理

线性电路中,两个或两个以上独立电源同时作用产生的效应,等于每个独立电源单独作用产生的效应之和；在考虑某独立电源单独作用时，其他独立电源以其内阻代替，但所有非独立电源仍应保留。这个原理是线性电路定义的直接结果。

（二）戴维南定理

任何有源线性二端网络，可用一个恒压源串联一个等效阻抗来代替。该恒压源的电动势，等于二端网络的开路电压（断开负载）；而等效阻抗则等于网络中各独立电源用其内阻替代后在两输出端呈现的阻抗。经此等效所得的网络，可称为原网络的戴维南等效电路或电压源的等效电路。

（三）诺顿定理

任何有源线性二端网络，均可用一个恒流源并联一个等效阻抗来代替。该恒流源的电流等于二端网络的短路电流，而等效阻抗则等于二端网络中各独立电源用其内阻替代后在两输出端呈现的阻抗。经此等效后所得网络，可称为原网络的诺顿等效电路或电流源的等效电路。

第二节 模拟电子线路技术

电子技术是19世纪末、20世纪初开始发展起来的新兴技术，在20世纪发展最迅速，应用最广泛，成为近代科学技术发展的一个重要标志。进入21世纪，人们面临的是以微电子技术（半导体和集成电路为代表）、电子计算机和因特网为标志的信息社会。高科技的广泛应用使社会生产力和经济获得了空前的发展。现代电子技术在国防、科学、工业、医学、通信（信息处理、传输和交流）及文化生活等各个领域中都起着巨大的作用。现在的世界，电子技术无处不在：收音机、彩电、电子手表、数码相机、微电脑、大规模生产的工业流水线、因特网、机器人、航天飞机、宇宙探测仪，可以说，人们现在生活在形形色色的电子世界中，一天也离不开它。电子技术已应用到社会的方方面面，并极大地促进了社会的发展。然而，无论小到纳米级的电子芯片还是大到几十吨的航天器材，其功能电路的组成都离不开电子技术的基本元器件。只不过电子技术的发展已由分立的电子元器件的组合向集成化和模块化的方向发展。下面我们将沿着电子技术的发展历程，逐步介绍电子技术的一些基础知识。

一、PN 结工作原理

在自然界，物质按其导电性可分为导体、半导体和绝缘体。其中，导电性能很强的，如铜、铝、铁等称为导体。另一些物质，如橡胶、胶木、瓷制品等不能导电，称为绝缘体。还有一些物质，如硅、硒、锗、砷化镓及很多矿石、化合物、硫化物等，它们的导电性能介于金属导体和绝缘体之间，称为半导体。纯净不掺杂质的半导体称为本征半导体。

(一) PN 结的形成

本征半导体中虽然同时存在自由电子和空穴两种载流子，但数量少，导电能力较差，导电率也难以按需要人为控制。若在本征半导体材料中掺入微量的某种杂质元素，则会使其导电性极大地增加，并且随着杂质元素掺入量的不同，导电能力也能够加以控制，这种半导体称为杂质半导体。若掺入的微量元素是五价元素 (如磷)，这种杂质半导体叫作 N 型半导体；若加入的是三价微量元素 (如硼)，则称这种杂质半导体为 P 型半导体。

由于空穴和自由电子均是带电的粒子，所以扩散的结果使 P 区和 N 区原来的电中性被破坏，在交界面的两侧形成一个不能移动的带异性电荷的离子层，称此离子层为空间电荷区，这就是所谓的 PN 结。在空间电荷区，多数载流子已经扩散到对方并复合掉了，或者说消耗尽了，因此又称空间电荷区为耗尽层。PN 结是构成各种半导体器件的基础。

空间电荷区出现后，因为正、负电荷的作用，将产生一个从 N 区指向 P 区的内电场。内电场的方向会对多数载流子的扩散运动起阻碍作用。同时，内电场可推动少数载流子 (P 区的自由电子和 N 区的空穴) 越过空间电荷区，进入对方。少数载流子在内电场作用下有规则的运动称为漂移运动。漂移运动和扩散运动的方向相反。无外加电场时，通过 PN 结的扩散电流等于漂移电流，PN 结中无电流流过，PN 结的宽度保持一定而处于稳定状态。

(二) PN 结的单向导电性

如果在 PN 结两端加上不同极性的电压，PN 结会呈现出不同的导电性能。PN 结 P 端接高电位、N 端接低电位，称 PN 结外加正向电压，又称 PN 结正向偏置，简称为正偏。PN 结 P 端接低电位、N 端接高电位，称 PN 结外加反向电压，又称 PN 结反向偏置，简称为反偏。

PN 结的单向导电性是指 PN 结外加正向电压时处于导通状态，外加反向电压时处于截止状态。

二、半导体二极管

半导体二极管同 PN 结一样具有单向导电性。二极管按半导体材料的不同可分为硅二极管、锗二极管和砷化镓二极管等，按结构的不同可分为点接触型、面接触型和平面型二极管三类。

二极管由 P 端引出的电极是正极，由 N 端引出的电极是负极，箭头的方向表示正向电流的方向，VD 是二极管的文字符号。常见的二极管有金属、塑料和玻璃三种封装形式。按照应用的不同，分为整流、稳压、限幅、钳位、检波、续流等二极管。根据使用的不同，二极管的外形各异。在实际生活中使用较多的是一些特殊的二极管。

(一) 二极管的伏安特性

二极管两端的电压 U 与流过二极管的电流 I 之间的关系曲线，称为二极管的伏安特性。二极管外加正向电压时，电流和电压的关系称为二极管的正向特性。当二极管所加正向电压比较小时 ($0<U<U_{th}$)，二极管上流经的电流为 0，二极管仍截止，此区域称为死区，U_{th} 称为死区电压 (门坎电压)。硅二极管的死区电压约为 0.5V，锗二极管的死区电压约为 0.1V。

二极管外加反向电压时，电流和电压的关系称为二极管的反向特性。二极管外加反向电压时，反向电流很小，而且在相当宽的反向电压范围内，反向电流几乎不变，因此，称此电流值为二极管的反向饱和电流。

当反向电压的值增大到 UBR 时，反向电压值稍有增大，反向电流会急剧增大，称此现象为反向击穿，UBR 为反向击穿电压。利用二极管的反向击穿特性，可以做成稳压二极管，但一般的二极管不允许工作在反向击穿区。

（二）二极管的测试

将数字万用表的红、黑表笔分别接二极管的两个电极，若测得的电阻值很小（几千欧以下），则黑表笔所接电极为二极管的正极，红表笔所接电极为二极管的负极；若测得的阻值很大（几百千欧以上），则黑表笔所接电极为二极管的负极，红表笔所接电极为二极管的正极。

二极管好坏的判定：

（1）若测得的反向电阻很大（几百千欧以上），正向电阻很小（几千欧以下），表明二极管性能良好；

（2）若测得的反向电阻和正向电阻都很小，表明二极管短路，已损坏；

（3）若测得的反向电阻和正向电阻都很大，表明二极管断路，已损坏。

三、半导体三极管

半导体三极管又称晶体三极管，一般简称晶体管或双极型晶体管。它是通过一定的制作工艺，将两个 PN 结结合在一起的器件，两个 PN 结相互作用，使三极管成为一个具有控制电流作用的半导体器件。三极管的一个重要特性就是放大作用，正是此特性使得它在电子线路中的用途非常大。

双极型晶体管的类型很多，按材料可分为硅管和锗管，按类型可分为平面型和合金型，按工作频率可分为高频管和低频管，按内部结构可分为 NPN 型和 PNP 型，按耗散功率不同可分为小功率管和大功率管，按使用用途则可分为普通管、低噪声 B 管、功率放大管、高频管、开关管和达林顿管等。

为了了解三极管的电流分配原则及其放大原理，我们来看下面的实验。在电路中，三极管的发射结加正向电压，集电结加反向电压，保证三极管能起到放大作用。改变可变电阻的值，则基极电流、集电极电流和发射极电流石都发生变化。实验结论可用载流子在三极管内部的运动规律来解释。输出特性曲线是指在一定基极电流下，三极管的集电极电流与集电结电压之间的关系曲线。

四、场效应管

场效应管作为半导体器件中的重要一员，是一种通过输入信号控制输出电流的器件。场效应管也是一个具有两个 PN 结的半导体三端器件。但场效应管的工作原理与三极管截然不同，场效应管是利用改变电场来控制半导体载流子运动，而不是像三极管那样用输入电流控制 PN 结的电场。场效应管除具有双极性晶体管体积小、质量轻、寿命长等优点外，还具有输入阻抗高、动态范围大、热稳定性能好、抗辐射能力强、制造工艺简单等优点。

场效应管有结型场效应管和绝缘栅型场效应管两大类。每种类型的场效应管都具有栅极 G、源极 S 和漏极 D 三个工作电极。同时，每种类型的场效应管都有 N 沟道和 P 沟道两种导电结构。

结型场效应管是一种利用半导体内的电场效应来控制其电流大小的半导体器件。根据结构的不同，结型场效应管有 N 沟道 JFET 和 P 沟道 JFET 两种类型。与结型场效应管相同，绝缘栅型场效应管也是利用电场控制载流子的工作原理设计而成的。与结型场效应管不同的是绝缘栅型场效应管有绝缘栅，并因此而得名。又因栅极为金属铝，故又称为 MOS 管。它的栅—源间电阻比结型场效应管大得多，还因为它比结型场效应管温度稳定性好、集成化时工艺简单，而广泛用于大规模和超大规模集成电路之中。与结型场效应管相同，MOS 管也有 N 沟道和 P 沟道两类，但每类又分为增强型和耗尽型两种，因此 MOS 管的 4 种类型为：N 沟道增强型管、N 沟道耗尽型管、P 沟道增强型管和 P 沟道耗尽型管。

五、模拟电子电路的基础应用

(一) 放大电路

我们经常看到，会议的主持者为了使每个与会者听清会议的内容，通常会在会议场所设置一些扩音设备，如麦克风、音响等。而经过这些扩音设备，会议主持者的声音也嘹亮了许多。那么为什么声音经过这些扩音设备会变更响亮呢？这其实是运用了放大电路的工作原理。麦克风将人的声音信号转换成电信号，而电信号经过扩音设备中的放大电路放大后，就会输出足够大的信号功率，推动扬声器发出洪亮的声音。

(二) 稳压电路

当天气变化频繁，气温忽高忽低时，人就容易感冒，容易生病。机器设备与人相似，当它的输入电压不稳定时，仪器设备的使用寿命就会降低，特别是一些精密的仪器部件，对输入源的要求更高，输入源的波动必须很小。当波动稍微过大时，它就可能损坏。为了避免机器设备的这种损耗，必须保证机器设备具有稳定的输入源，而这很难靠外力实现，必须在输入电路中设置稳压电路。

(三) 集成运放应用

我们在平常的学习中常常会碰到一些比较繁杂的算术运算，仅仅通过笔和纸是很难算出来的，这就需要我们借助于计算器，运用计算器帮我们解决那些烦琐的运算。但这样一个小小的电子器件是如何完成算术运算的呢？集成运放电路将会给出答案。

如果电路中的 3 个电阻的阻值相等，并在电路的输出端添加反相器，那么输出的电压就等于输入电压之和。如果将输入电压与运算值匹配，则该电路就实现了最基本的加法运算。集成运放电路除了加法运算电路，还有减法运算电路、乘法运算电路、除法运算电路和微积分运算电路。这些基本的运算电路实现了电路对数学运算的最基本应用。

第三节　数字电路技术

数字电路的产生和发展是电子技术发展的重要标志，数字电路在现代电子技术中占有十分重要的地位。由于数字电路比模拟电路具有更多独特的优点，因此它在通信、雷达、自动控制、电子测量、电子计算机等领域都得到了非常广泛的应用，数字电路应用的广度和深度标志着现代电子技术的发展水平。

一、数字电路的基本概念与特征

用数字信号完成对数字量进行算术运算和逻辑运算的电路称为数字电路，或数字系统。由于它具有逻辑运算和逻辑处理功能，所以又称数字逻辑电路。

所谓数字逻辑，就是用数字的方式描述事物的逻辑关系的工程方法。在数字逻辑中，使用逻辑变量作为基本量，数字逻辑中使用的逻辑变量只能取逻辑1或逻辑0两种逻辑值。逻辑变量之间的关系构成了数字逻辑系统的基本逻辑关系。因此，数字电路就是用电子技术实现的、具有数字逻辑信号处理能力的电子电路。数字逻辑电路只能处理代表逻辑变量的电信号——数字逻辑信号。

在对客观事物之间的逻辑关系进行描述和分析时，需要建立数字逻辑模型。当使用数字逻辑电路实现一个数字逻辑系统时，不仅需要建立数字逻辑模型，还需要建立电路的物理模型。数字逻辑模型描述了系统的理想逻辑行为特性，而物理模型则描述了实现数字逻辑行为的电路特性。数字电路的行为特性是实现逻辑模型的基础，也是实现逻辑模型的约束条件。数字逻辑用数字方式研究和处理事物之间的逻辑关系。工程中的许多问题可以转化为数字逻辑问题，如计算机对问题的处理、工业控制系统的开关等。

二、数字电路分类

数字电路按功能来分，有组合逻辑电路和时序逻辑电路；按电路有无集成元器件来分，有分立元件数字电路和集成数字电路；按集成电路的集成度进行分类，有小规模集成数字电路（SSI）、中规模集成数字电路（MSD）、大规模集成数字电路（LSI）和超大规模集成数字电路（VLSI）。

按照电路所用器件的不同，数字电路可分为双极型（晶体三极管型）电路和单极型（场效应管型）电路两大类。其中双极型电路常用的类型又有标准型 TTL、高速型 TTL（H–TTL）、低功耗型 TTL（L–TTL）、肖特基型 TTL（S–TTL）、低功耗肖特基型 TTL（LS–TTL）等。单极型电路又有 JFET、NMOS、PMOS、CMOS 等。

三、基本逻辑电路

数字电路的系统集成，是指把完整的系统功能集成在一块集成电路芯片中。集成后的系统满足所有功能和技术指标，用户不必再对系统进行功能和技术指标调试，只要根据使用要求附加少量外部元器件，就可以设计应用系统。

(一) 与门

所有输入信号同为高电平时输出才是高电平，否则输出为低电平，这样的数字逻辑电路叫作与门电路。如有三个输入信号 A、B 和 C 的数字逻辑电路，只有当 A、B 和 C 同时为高电平时，电路输出才是高电平，否则为低电平。这样的数字电路所代表的运算关系就好似逻辑运算中的与运算，所以这个数字电路叫作与门电路，电路的功能是完成对输出信号的与运算。

(二) 非门

输入与输出信号反向 (输入为高电平时输出为低电平，输入为低电平时输出为高电平) 的数字逻辑电路，叫作非门电路。非门的输入与输出永远是反向关系。

(三) 或门

所有输入信号中，只要有一个信号为高电平，输出就是高电平，这样的数字逻辑电路叫作或门电路。如有三个输入信号 A、B 和 C 的数字逻辑电路，只要 A、B 和 C 中有一个为高电平，电路输出就是高电平。这样的数字逻辑电路所代表的运算关系就是逻辑运算中的或运算，所以这个数字逻辑电路叫作或门电路，电路功能是完成对输入信号的或运算。

四、数字电路的应用

(一) 组合逻辑电路

组合逻辑电路的特点是电路输出与电路原来所处的状态无关。组合逻辑电路的基本单元属于数字逻辑信号处理电路的基础。组合逻辑电路的基本电路模块一般包括数据开关、逻辑表达式组合逻辑、编译器，以及逻辑函数发生器等。

假如，要设计一个表决器，由三个人来进行表决。每人一个按键，如果同意则按下，不同意则不按。结果用指示灯表示，多数同意时指示灯亮，否则不亮。这样一个简单的表决器的设计就会用到组合逻辑电路思想。首先指明逻辑符号的含义，根据题意列出逻辑状态表，画出卡诺图，写出表达式，然后根据表达式设计出电路。

组合逻辑电路是实现数字逻辑的基础，时序逻辑电路是在组合逻辑电路的基础上增加反馈环节而实现的。因此，组合逻辑的基本模型电路属于数字逻辑信号处理电路的基础。

(二) 触发器和时序逻辑电路

时序逻辑电路的特点是电路中存在反馈，电路的输出不仅与当前输入有关，还与电路原来所处的状态有关。时序逻辑电路的基本单元是触发器。常用的时序逻辑电路有寄存器、移位寄存器、计数器、序列信号发生器等。

例如，设计一个四人抢答器电路。四人参加比赛，每人一个按钮，其中一人按下按钮后，相应的指示灯亮。并且，其他按钮再按下，不起作用。该电路的核心就是74LS175四D触发器。

五、数字电路信号传输抗干扰技术

(一) 数字电路通信中常见的抗干扰技术

1. 调频技术

调频技术是一种相对较为成熟的常见抗干扰技术，主要用于民用。民用的运用量以及频次都很大，所以需要有较稳定的抗干扰技术支撑。调频技术的主要核心是结合有关的规律进行反复跳变来完成抗干扰，其具备灵活多变的特征。一般情况下，数字电路通信系统的工作性能能够通过利用对其调速进行直接观察判断。通信系统的抗干扰能力越强调速就越快，反之，抗干扰能力越弱调速就越慢。

2. 扩频技术

扩频技术的作用主要是将数字电路通信中传输与接收的信号通过一种隐藏性模式附在噪声中。在实际运用中，直接序列扩频技术是一种最常见的方式。利用这样的方式能够将干扰有效地控制到最小甚至彻底消除，使人们在实际应用期间可以获得理想、优质的通信体验，并广泛应用于日常生产和生活中。

3. 混合技术

混合技术主要是混合各种抗干扰技术后形成的，其运用诸多种类的抗干扰技术，将它们进行组合并最大限度呈现其各自的优势，抛弃这些技术的不足，混合形成的一项技术。虽然利用混合技术比单一使用抗干扰技术的成本高且更加复杂，但该技术把各种抗干扰技术进行充分结合、综合运用，在很大程度上提升了数字电路通信的抗干扰能力。不管是通信质量还是对抗诸多干扰因素方面，都具有显著的促进作用。虽然使用混合抗干扰技术在短时间内增加了管理、人工以及设备方面的投入成本，但从长远发展的角度看，此项技术的分摊成本较低，使用比较经济。

（二）数字电路通信中干扰形成的基本要素

在对数字电路通信如何抗干扰的研究中，相关人员应首先明确导致数字电路通信中出现干扰的主要原因，其主要因素分为干扰源、传播途径和信号敏感器件 3 种，具体内容如下。

1. 干扰源

干扰源主要是那些极易造成干扰的电子设备、元件和信号，是指在高频器件和电路中，部分设备的电流以及电压时常出现突发性变化，这样 du/dt、di/dt 都特别高，极易干扰其他电子元件，致使出现运行差错。在电子信息技术飞速发展和智能终端全面普及的形势下，日常工作和生活中很多电子设备都可能会干扰各种数字电路信号的传输，甚至会对数字电路信号的逻辑电平产生直接影响，导致传输数字电路信号期间出现逻辑误差。经常出现的干扰源包括雷电、继电器、运行电机以及高频时钟等。

2. 传播路径

传播路径是导致干扰源的信号在传输过程中容易受到干扰的敏感元件

中的传输媒介，一般干扰信号传输的路径主要有磁空间辐射以及导线。通常情况下，传输数字电路信号的路径越长，遭到干扰的概率越大，这些干扰可能会直接阻断数字电路信号的传播路径，还可能导致数字信号出现逻辑错误，致使数字电路的信号传输稳定性与效率降低。

3. 信号敏感器件

敏感器件也是干扰信号传输的主要因素。电子设备中含有很多的敏感器件，在数字电路中这些器件起到转换、采集信息数据等作用，是数字电路中至关重要的构成内容，如弱信号放大器和数字模拟量变换器等。虽然这些敏感器件能够在很大程度上加强数字信号传输的精确度，提升电子设施的传输性能，但因为自身的敏感度也导致其抗干扰能力大大下降，致使设备的整体稳定性降低。

(三) 数字信号传输中的屏蔽技术与双绞线传输

1. 屏蔽技术

在传输数字信号的过程中，此项技术主要是在屏蔽体中把电场、耦合与空间磁场的电磁场进行分割，以此对空间耦合通道进行分离。在这一过程当中，高效、良好的屏蔽和接地，不但能够切实有效地降低耦合噪声，还能够获得较为理想的抗干扰效果。屏蔽方式具体为：把电阻性能较低的材料当作传输数字信号中的屏蔽体，把需要分割的位置进行包围，分割区域除了极易受到干扰的部分，还可以是干扰源。这不仅防止被分割区域受到外来因素干扰，还避免了隔离区域再次干扰外界。

（1）电场屏蔽：根据电学基础理论进行分析，促使所有形态的导体进入电场，都可以使电力线垂直于导体表面，同时不穿过导体，所以放置于空腔中的所有物体均不会遭受外界因素的干扰。这样的情况也叫作静电型屏蔽。利用该特征，不但能够避免电子信号和有关设备的导线传输，还能够防止其受到干扰。然而，倘若导体并没接地，进到空腔中就会变成等电势，其值也会跟着电场的变化而改变。这个时候，倘若把导体接地，空腔中的电势就不会出现变化，设备电场也不会影响到外界。

（2）电磁场屏蔽：在传输数字信号的过程中，屏蔽电磁场往往用于防止电磁场干扰电路。根据基础理论，电磁场变化的频次越高其辐射就越强。所以，在屏蔽电磁场数字信号的时候，不只涉及了屏蔽辐射干扰，还包括屏蔽感应。

2. 金属屏蔽线与双绞线的应用

（1）双绞线抗干扰：在控制双绞线磁场感应的时候，因为邻近回路一直处于相同导线，噪声和电流相等，同时表现出相反状态，互相抵消。具体而言，导线长度一样，特性阻抗的输入和输出一样时，就可以实现最理想的噪声控制效果。倘若拧合信号的输出线和返回线，噪声控制和拧绞节距就会呈现正比例状态。在具体运用过程中，因为诸多因素的干扰，两条导线是绝对不可能完全一样的，经常因为阻抗的不同，促使感应噪声存留于信号传输中。

（2）屏蔽线抗干扰原理：在实际应用屏蔽线的过程中，因为屏蔽层与导线之间分布了电容，在屏蔽外层的时候，就需要进行接地，不然就会导致通过屏蔽层和电容分布在导线中置入干扰。在这一环节中，通常使用的屏蔽接地方式为屏蔽层一端接地的方法，从而对两端接地干扰电阻压降的情况进行控制；屏蔽线不但可以积极有效抑制静电干扰，还不会影响到电磁感应。

（四）数字电路抗干扰常用措施

在确定数字电路传输干扰的主要因素后，就能够在此基础上探究抗干扰措施，以此获得良好的抗干扰效果，保证信号传输的质量。在设计过程中，需要注重布置元器件和布线规则，选择使用具有很强抑制力的元器件；在传输途径方面，添加相应的滤波装置，在设计软件方面与能够通过相关措施来提高抗干扰性能，加强数字电路的运行效果和品质。

1. 抑制干扰源

在实际设计数字电路抗干扰技术的过程中，需要首先对干扰源这一因素进行考虑。具体而言，就是尽量降低电压电流突然改变的概率，通过各种切实可行的措施来减小 du/dt 及 di/dt。在这一过程中，要想减小 du/dt，能够尝试在出现干扰的元件回路两端放置适当的电容，倘若要想减小 du/dt，就应并联适当的电阻和电感。在设计电路过程中通常使用的抗干扰方式主要包括以下几点：

（1）能够把续流二极管元件和继电器线圈两侧进行并联，同时设置火花控制电路，这样在切断继电器的时候，能够很好地抑制出现的反电动势干扰，要想积极有效地保证继电器在规定时间内不改变动作频次，就应添加稳压二极管，从而更好地改善其滞后性。

（2）设计科学高效的滤波电路，将高次谐波干扰进行滤除，这对于电机运行电路具有非常关键的作用。

（3）布置电路线过程中要想有效抑制高频干扰，就应尽可能防止垂直走线。

（4）将 RC 抑制电路和可控硅电路进行并联，能够在一定程度上降低干扰噪声。

2. 切断干扰传播路径

一般情况下，干扰传播路径主要是端口和导线传输的传导干扰，或是空间传输的电磁辐射干扰，可以结合以上两种干扰传播形式进行有效抑制。通常在设计单片机电路的过程中，比较常见的干扰源是电源。这是干扰整个单片机设计最强的干扰源，时常利用电源回路中加入二阶滤波电路的方式对电源干扰进行抑制。在单片机 I/O 接口对电机类外设进行直接控制的时候，经常要利用隔离器和加入门电路或者光耦等方式对噪声源进行隔离。最好保证数字电路中的大功率器件单独接地，通知放置于电路板边缘，能够有效避免其干扰别的元件。在数字电路的主要位置，比如，电源连接口应加设抗干扰器件，电源滤波器等加强电路的抗干扰性能。

3. 提高元器件的抗干扰性能

（1）在设计数字电路的过程中，应尽可能选取噪声容限较高的元器件。与 TTL 集成电路相比，CMOS 集成电路具备更好的抗干扰性能，因此应尽量选取具备相应抗干扰性能的元器件。

（2）应对电路负载量进行科学控制。这主要是由于负载量超过限制，会致使高电平无法实现要求，使电路容限下降，这种情况下设计的电路极易受到干扰。分布电容也会一定程度上影响电路的抗干扰性能，因此需要确保不需要的电路或是控制端存在适当的电平值。

（3）在设计数字电路的过程中，势必会用到极易受干扰的敏感元件。在设计电路的时候，倘若可以适当处理这些元件，例如，在设计敏感元件回路时，尽量减小回环面积，不仅能够有效降低感应噪声，还能够利用加粗电源回路导线的方式，控制回路损耗，对噪声进行有效控制。

4. 电路设计时的抗干扰措施

CMO 和 TTL 电路转换对数字电路干扰非常大，需要利用科学有效的方式对转换导致的振荡进行抑制，有时振荡会致使误触发下级电路，能够利用下面的方式解决：首先，选取信号值较长的输入波形，并且尽可能防止微分电路出现脉冲，将其当作触发信号。其次，通过相应的对策来消除电路不同延迟导致的毛刺，能够通过同步控制、滤波电路与时间选通电路等方式来治理干扰。

（1）滤波法。在干扰源出现毛刺的频次较高，其脉宽比常规的脉宽信号窄很多，所以能够通过 RC 积分电路对毛刺进行消除。

（2）时间选通法。利用延迟电路，结合双向或单相稳定的电路结构来实现时间选通电路，抽样输入有价值的波形对毛刺干扰进行消除。

（3）同步控制法。同步控制法主要是通过时序同步理论，翻转电路状态，通过触发单个脉冲，能够很好地控制由于传输延迟致使的毛刺干扰。另外，数据 DA 与 DB 利用总线驱动器置入数据总线，驱动器对总线信号 CB 与 CA 进行控制的方式，加强总线的抗干扰性能。

5. 印制电路板的合理布线

在设计数字电路的过程中，印刷电路板是至关重要的内容，其抗干扰性能的好坏与电磁兼容性具有密切联系。在设计 PCB 的时候，应严格循序有关的设计原则，尽量提高电路板的抗干扰性能。第一，确定好所有元器件在电路板中的摆放部位。摆放必须科学，把敏感元件和强干扰源进行分离。第二，设置地线与电源线。在布置地线与电源线线径的过程中，应适当增加线径的宽度，控制导线阻抗。在条件许可时，应利用闭环回路并减小回路截面的方式，提升抗噪声性，使地线信号更加稳定，最后连接信号线。在设计电路板时，应综合考虑诸多因素，全方位设计，防止出现顾此失彼的情况。在相同印刷板上，经常出现不一样的电路，在设计过程中，将相同功能的电路放置于接地线上，促使接地线电流在各个单元回路中流出，降低对其他元件的影响，加强电路的抗噪声性能。

第四节 集成电路技术

集成电路是一种微型电子器件或部件。它采用一定的工艺，把一个电路中所需的晶体管、二极管、电阻、电容和电感等元件及布线互连一起，制作在一小块或几小块半导体晶片或介质基片上，然后封装在一个管壳内，成为具有所需电路功能的微型结构。其中所有元件在结构上已组成一个整体，这样，整个电路的体积大大缩小，且引出线和焊接点的数目也大为减少，从而使电子元件向着微型化、低功耗和高可靠性方面迈进了一大步。

集成电路具有体积小、质量轻、引出线和焊接点少、寿命长、可靠性高、性能好等优点，同时成本低，便于大规模生产。它不仅在工、民用电子设备如收录机、电视机、计算机等方面得到广泛的应用，同时在军事、通信、遥控等方面也得到广泛的应用。用集成电路来装配电子设备，其装配密度可比晶体管提高几十倍至几千倍，设备的稳定工作时间也可大大提升。

一、集成电路的分类

(一) 按功能、结构分类

集成电路按其功能、结构的不同，可以分为模拟集成电路、数字集成电路和数/模混合集成电路三大类。模拟集成电路又称线性电路，用来产生、放大和处理各种模拟信号 (指幅度随时间变化的信号，如半导体收音机的音频信号、录放机的磁带信号等)，其输入信号和输出信号成比例关系。而数字集成电路用来产生、放大和处理各种数字信号 (指在时间和幅度上离散取值的信号，如 VCD、DVD 重放的音频信号和视频信号)。

(二) 按制作工艺分类

集成电路按制作工艺可分为半导体集成电路和膜集成电路。膜集成电路又分为厚膜集成电路和薄膜集成电路。

（三）按集成度的高低分类

集成电路按集成度高低的不同，可分为小规模集成电路、中规模集成电路、大规模集成电路、超大规模集成电路、特大规模集成电路和巨大规模集成电路。

（四）按导电类型的不同分类

集成电路按导电类型可分为双极型集成电路和单极型集成电路，它们都是数字集成电路。双极型集成电路的制作工艺复杂，功耗较大，代表集成电路有 TTL、ECL、H-TTL、L-TTL、STTL 等类型。单极型集成电路的制作工艺简单，功耗也较低，易于制成大规模集成电路，代表集成电路有 CMOS、NMOS、PMOS 等类型。

（五）按用途分类

集成电路按用途可分为电视机用集成电路、音响用集成电路、影碟机用集成电路、录像机用集成电路、计算机（微机）用集成电路、电子琴用集成电路、通信用集成电路、照相机用集成电路、遥控集成电路、语言集成电路、报警器用集成电路及各种专用集成电路。

（1）电视机用集成电路包括行、场扫描集成电路、中放集成电路、伴音集成电路、彩色解码集成电路、AV/TV 转换集成电路、开关电源集成电路、遥控集成电路、丽音解码集成电路、画中画处理集成电路、微处理器（CPU）集成电路、存储器集成电路等。

（2）音响用集成电路包括 AM/FM 高中频电路、立体声解码电路、音频前置放大电路、音频运算放大集成电路、音频功率放大集成电路、环绕声处理集成电路、电平驱动集成电路、电子音量控制集成电路、延时混响集成电路、电子开关集成电路等。

（3）影碟机用集成电路有系统控制集成电路、视频编码集成电路、MPEG 解码集成电路、音频信号处理集成电路、音响效果集成电路、RF 信号处理集成电路、数字信号处理集成电路、伺服集成电路、电动机驱动集成电路等。

（4）录像机用集成电路有系统控制集成电路、伺服集成电路、驱动集成电路、音频处理集成电路、视频处理集成电路。

（六）按应用领域分类

集成电路按应用领域可分为标准通用集成电路和专用集成电路。

（七）按外形分

集成电路按外形可分为圆形（金属外壳晶体管封装型，一般适合用于大功率）、扁平形（稳定性好，体积小）和双列直插型。

二、集成电路设计流程

集成电路是微电子技术的核心，具有体积小、质量轻、引出线和焊接点少、寿命长、可靠性高、性能好等优点，同时成本低，便于大规模生产。它不仅在军事、通信、遥控等方面得到广泛的应用，而且在工业、民用电子设备，如收录音机、电视机、计算机等方面也得到广泛的应用。在通信技术领域，大容量的交换机需要高速工作的集成电路作中央处理，不计其数的用户终端都需要集成电路芯片。数字通信网络和系统需要使用大量的集成电路，如 A/D 转换器、D/A 转换器、乘法器、移位寄存器、滤波器、存储器和编/解码器等。在信号处理技术中，如调制和解调、语音处理、图像处理和识别、波形分析、控制信号处理等各方面，近年来都成为集成电路特别是专用集成电路应用的重要领域。例如，专用的数字信号处理器（DSP），就是把特定的快速数字信号处理算法用硬件实现，用于特定的电子设备中。

（一）集成电路设计要求

一个有效的集成电路设计，应该满足以下方面的要求：

第一，功能正确，并在第一次投片流水后就能达到设计要求；

第二，电学性能经过优化，特别是在速度和功耗方面达到原定指标；

第三，芯片面积尽可能小，以降低制造成本；

第四，设计的可靠性，在工艺制造允许的误差范围内能正确工作；

第五，在制造过程中和完成后能够全面和快速地进行测试。

（二）集成电路设计流程

为设计满足以上要求的集成电路，可采用条理性的、层次化的设计方法。层次化是把整个设计分解为若干层次，在完成前一层设计任务后再进行下一层次的工作。其主要流程如下：

第一步，系统描述，包括明确系统功能和性能要求，确定芯片尺寸、工作速度和功耗等，它是一个综合说明；

第二步，功能设计，包括算法的确定和功能框图的设计，常用时序图解或模块关系图解来改进整个设计过程；

第三步，逻辑设计，利用文本、原理图或逻辑图及布尔方程表示逻辑结构来进行设计，并对逻辑结构进行模拟验证和优化；

第四步，电路设计，综合考虑逻辑部件的电路实现，并用详细的电路图来表示电路设计；

第五步，版图设计，把元件和元件的连接转换为几何表示，并且必须符合与制造工艺有关的设计规则要求；

第六步，设计验证，主要是为了确保版图满足制作工艺要求和符合系统设计的规范；

第七步，模拟和仿真，把有关数据进行虚拟环境下的模拟和仿真，以检查系统的正确性，以便对系统进行快速改进和优化；

第八步，制造，包括硅片准备、杂质注入、扩散、光刻和外延等工艺，通过这些工艺在硅片上形成所需的电路或系统；

第九步，封装和测试，除去测试不合格的芯片。

实际设计可能会在某个步骤或几个步骤间反复进行，若采用计算机软件设计的方法，可减少设计时间，实现高效率的设计。

三、集成电路芯片制造工艺

（一）氧化工艺

在室温下，硅在空气中暴露会被氧化而在表面形成氧化膜，氧化膜相当致密，能阻止更多氧原子通过它继续氧化，从而对某些杂质起到掩蔽作用。这种二氧化硅膜不但能紧紧依附在硅衬底上，而且具有极其稳定的化学性和电绝缘性。利用这些特点，人们制备各种二氧化硅来用作器件的保护层和钝化层、绝缘材料和电容器的介质膜等。氧化工艺的目的是制备二氧化硅膜，方法有很多，如化学汽相淀积法、热分解淀积法、热氧化法、等离子氧化法等，目前最有效的方法是热氧化法。热氧化法是指硅与氧或水汽在高温下经化学反应生成二氧化硅，该方法制备的二氧化硅具有很高的重复性和稳定性，因而得到广泛推广。

(二) 掺杂工艺

掺杂是将需要的杂质掺入特定的半导体区域中，以达到改变半导体电学性质的目的，形成 PN 结。在集成电路生产中，常用的杂质元素为硼、磷、砷等，掺杂工艺主要包括扩散和离子注入技术。

扩散的目的是向晶体中掺入一定数量的某种杂质，并且希望掺入的杂质按要求分布。由于各种杂质及杂质源性质的差别，以及杂质源在室温下存在的相态不同，因而采用的扩散方法和扩散系统也存在一定的区别。如果按原始杂质源在室温下的相态加以分类，可分为固态源扩散、液态源扩散和气态源扩散。固态源大多数是杂质的氧化物或其他化合物；液态源一般都是杂质化合物，在高温下杂质化合物与硅反应释放出杂质原子，或者杂质化合物先分解产生杂质的氧化物，氧化物再与硅反应释放出杂质原子；气态源大多为杂质的氢化物或卤化物。

离子注入是将具有很高能量的杂质离子射入半导体衬底中的掺杂技术。离子注入的最主要工艺参数是杂质种类、注入能量和掺杂剂量。杂质种类是指选择何种原子注入硅基体，一般杂质种类可以分为 N 型和 P 型两类，N 型主要包括磷、砷、锑等，P 型则主要包括硼、铟等；注入能量决定了杂质原子注入硅晶体的深度，高能量注入得深，低能量注入得浅；掺杂剂量是指杂质原子注入的浓度，决定了掺杂层导电的强弱。通常半导体器件的设计者需要根据具体的目标器件特性，为每一步离子注入优化以上这些工艺参数。

(三) 光刻工艺

光刻工艺就是利用光敏的抗蚀涂层发生光化学反应，按照确定的版图图形，结合刻蚀方法在各种薄膜上（如 SiO_2 等绝缘膜和各种金属膜）制备出合乎要求的电路图形，包括形成金属电极和布线、表面钝化和实现选择性掺杂。由于集成电路有一定的空间结构，需多次使用光刻，所以氧化工艺与光刻工艺的结合构成了整个平面工艺的基础。目前用于研究和生产的光刻技术有接触光刻、接近光刻、投影光刻、电子束光刻四种。

以 SiO_2 膜上用常规光刻工艺来刻蚀所需图形的过程为例，光刻工艺过程如下。

第一步，清洗表层：用微电子工艺中的清洗程序，清洗 SiO_2 层表面，保证光刻胶与 SiO_2 表面能很好地黏附。

第二步，涂甩光刻胶：在 SiO_2 清洁表面涂敷光刻胶后，甩胶成均匀薄膜。当光刻光源照射后，光刻胶的化学结构随即发生改变。

第三步，烘干：将甩胶后的硅片在 70℃ 干燥室中放置 10min 左右，让光刻胶干燥。

第四步，曝光：将光刻版（又称掩膜版）放在光刻胶层上，并套准，用光源照射，使光刻胶发生化学反应。

第五步，显影：经过曝光后的光刻胶中受到光照的部分因发生光化学反应，从而改变化学结构，使其在显影液中被溶解。

第六步，坚膜：在显影时被泡软的胶膜需要变硬，以便与 SiO_2 层更好地黏附，以防脱落，通常采用的是加热烘烤的办法。

第七步，腐蚀：对坚好的膜用腐蚀液或离子反应法把没有受膜保护的 SiO_2 层去掉。

第八步，去胶：完成腐蚀后，用去胶剂或离子反应刻蚀法除去留在膜上的胶层。

（四）刻蚀工艺

光刻方法制成的光刻胶的微图形结构，只能给出电路的形貌，并不是真正的器件结构。为获得器件的结构，必须把光刻胶的图形转移到光刻胶下面的各层材料上去。刻蚀的主要内容就是把经曝光、显影后光刻胶微图形中下层材料的裸露部分去掉，即在下层材料上重现与光刻胶相同的图形。主要方法有两种：湿法刻蚀和干法刻蚀。湿法刻蚀是利用液态化学试剂或溶液通过化学反应进行刻蚀的方法，干法刻蚀主要指利用低压放电产生的等离子体中的离子或游离基（处于激发态的分子、原子及各种原子基团等）与材料发生化学反应或通过轰击等物理作用而达到刻蚀的目的。

第五节 微电子系统设计

微电子系统中最具代表性的设计是微处理器的设计。微处理器就是把计算机的中央处理单元用大规模集成电路工艺制造在一块硅片上。这种芯片可以按程序工作以实现一系列复杂的功能，处理各种信息。如果说微电子技术有过一场革命的话，那么这场革命的主要特征就是小小的硅片微处理器。因为它可以安装在任何设备内，起控制、存储、计算等作用。它的出现把庞大的计算机体积降低了一千万倍，甚至更高，而速度却提高了几千万倍。它的出现使微型计算机迅速进入家庭，使信息技术爆炸并渗透到人类社会的每一个领域。

一、设计方法分类

根据不同的设计要求，微电子系统的设计方法可分为以下几种。

（一）全定制设计方法

全定制设计方法有时也称全用户设计方法，这种设计方法完全是用户根据所选定的生产工艺按自己的要求独立地进行集成电路产品设计。它适用于要求得到最高速度、最低功耗和最省面积的芯片设计。该方法的缺点是版图设计通常需要人来不断完善，以便器件及连接安排得最紧凑，因而特别花费时间。

（二）半定制设计方法

半定制的含义在于对一批芯片作"单独处理"，即单独设计和制作接触孔和连线以完成电路的要求。这样可使从设计到芯片完成的整个周期大大缩短，因而设计和制造成本大大下降。这种设计方法制造的芯片利用率一般较低，面积较大。它适用于要求设计成本低、设计周期短而生产批量小的情况。门阵列方法属于此类。

（三）可编程逻辑器件（PLD）法

可编程逻辑器件（Programmable Logic Device，PLD）是作为一种通用集成电路生产的，它的逻辑功能按照用户对器件编程来定。一般的 PLD 集成度很高，足以满足设计一般数字系统的需要。这样就可以由设计人员自行编程把一个数字系统"集成"在一片 PLD 上，而不需要芯片制造厂商设计和制作专用的集成电路芯片。其特点是"可编程"，往往由制造商提供通用器件，而由设计者根据需要进行"再加工"实现其特定的逻辑。可编程只读存储器（PROM）、可编程逻辑阵列（FPLA）、可编程阵列逻辑（PAL）、通用阵列逻辑（GAL）都属于此类。

（四）硅编译法

硅编译法是一种全自动的设计方法，利用这种方法可从集成电路的行为级描述直接得到该电路的掩膜版图。硅编译器是一种软件程序，它能将输入的电路设计资料经过编译变为硅片上实现所需的各种数据、输出掩膜版。以硅编译器为基础的超大规模集成电路（Very Lagre Scale Integrated Circuit，VLSI）设计为系统设计人员提供了一种真正的设计自动化工具。

（五）混合模式设计方法

随着 VLSI 复杂性的增加，在整个芯片中只利用一种设计方法已被认为是不经济的，因而提出了混合模式，即把不同的设计方法加以优化并组合而构成一体。

二、门阵列

门阵列是在硅片上以矩阵的方式排列逻辑门电路并预先制成集成电路的半成品，常称为母片，存放在工厂里。当用户提出需求时，经过简单设计并完成金属连接加工，便可成为商品出货。门阵列已有系列化产品出现，规模可达数万门，十几万门的门阵列也已研制成功。门阵列现有 CMOS、 nMOS、TTL 和 BiCMOS 等不同工艺。

门阵列设计的优点是设计自动化程度较高，设计周期短，设计成本低。因为母片已完成了整个集成电路制造工艺的大部分流程。当用户提交了逻辑图之后，只要进行基本单元内部布线和基本单元之间的互连就可以了，因此把这种器件称为半用户器件或半定制器件。门阵列设计的缺点是布图密度低，并且品种有限，为了使所有单元间的连线都能布通，势必造成芯片面积利用率的下降。

三、可编程阵列逻辑

可编程阵列逻辑（Programmable Array Logic，PAL）是 20 世纪 70 年代后期 MMI 公司推出的可编程逻辑器件。PAL 由一个可编程的"与"平面和一个固定的"或"平面构成，或门的输出可以通过触发器有选择地被置为寄存状态。PAL 原意是 PLD 的一种结构。PAL 器件是现场可编程的，它的实现工艺有反熔丝技术、EPROM 技术和 E2PROM 技术。

在 PAL 器件中，与门阵列是可编程的，或门阵列是固定连接的，它有多种输出和反馈结构，为数字逻辑设计带来了一定的灵活性。但 PAL 仍采用熔断丝工艺，一次性编程后就不能再改写。另外，还要根据不同的需要选择不同的输出器件，给用户带来诸多不便。

四、通用阵列逻辑

通用阵列逻辑（GeneriCArray Logic，GAL）是 1985 年由美国 LATTICE公司开发并商品化的一种新型 PLD 器件。它是在 PAL 器件的基础上综合了 E2PROM 和 CMOS 技术发展起来的一种新型技术，和 PAL 一样，它的与门阵列是可编程的，或门阵列是固定的。但 GAL 采用了 ECMOS 工艺，实现了电可擦除、电可改写，使得该器件的编程非常方便。另外，由于其输出采用了逻辑宏单元结构，使得电路的逻辑设计更加灵活。

五、现场可编程门阵列

现场可编程门阵列（Field Programmable Gate Array，FPGA）是在通用阵列逻辑 GAL、可编程阵列逻辑 PAL、可编程逻辑器件 PLD 等可编程器件的基础上进一步发展的产物。利用 FPGA，工程师可以通过用原理图与硬件描述语言设计相结合的层次化方法设计一个数字系统。通过软件仿真，可以事先验证设计的正确性。在 PCB 完成以后，还可以利用 FPGA 的在线修改能力，随时修改设计而不必改动硬件电路。使用 FPGA 开发数字电路，可以大大缩短设计时间，减少 PCB 面积，提高系统的可靠性。

FPGA 具有体系结构和逻辑单元灵活，集成度高及适用范围宽等特点。FPGA 可达到 1000 万个可用门，片内可集成处理器、DDR 控制器、以太网控制器、Flash 控制器、UART 控制器及硬件乘法器，甚至 dSP 等资源。同时 FPGA 还兼容了 PLD 和通用门阵列的优点，可实现较大规模的电路，编程也很灵活。与门阵列等其他设计方法相比，它又具有设计开发周期短、设计制造成本低、开发工具先进、标准产品无须测试、质量稳定，以及可实时在线检验等优点，因此被广泛应用于产品的原型设计和产品生产之中。目前，FPGA 向着高性能、高密度、低压和低功耗的方向发展，被称为"Smaller withmore"，逐步成为复杂数字硬件电路设计的理想首选。可以说，几乎所有应用门阵列、PLD 和中小规模通用数字集成电路的场合均可应用FPGA。

六、专用集成电路（ASIC）

大规模集成电路技术的发展与成熟，促使它向着科学技术的其他领域进行渗透。大量生产并标准化的通用集成电路一般不能满足所有用户的要求，于是，与 CPU、ROM、RAM、A/D 和 d/A 变换器等通用集成电路概念相对应的专用集成电路（ASIC）技术应运而生。专用集成电路技术的应用，使得电子产品的速度提高、成本降低、体积缩小、保密性增强。

所谓专用集成电路（Application Specific Integrated Circuit，ASIC），是泛指面向专门用途或特定用户而专门设计制造的集成电路。集成电路技术和计算机辅助设计 CAD 技术的发展促成了专用集成电路的出现。尽管在集成电路发展的初期就已着手探索以阵列方式排布门电路或改变母片上的互连引线来获得不同功能的集成电路产品，但是，直到 20 世纪 80 年代初期，集成电路技术和 CAD 技术日趋成熟时，ASIC 产品才开始步入市场。几乎所有有专门用途而又不属于标准逻辑电路或通用存储器及通用微处理器的新开发的产品都可以称为 ASIC。现代 ASIC 常包含整个 32-bit 处理器，类似于 ROM、RAM、EEPROM、Flash 的存储单元和其他模块，这样的 ASIC 常被称为 SoC。

ASIC 既可以采用全定制方法来实现，也可以采用半定制方法来实现。全定制能使 ASIC 芯片的运行速度比半定制的更快。全定制设计需要设计者完成所有电路的设计，因此需要大量人力、物力，灵活性好但开发效率低下。半定制使用库里的标准逻辑单元，设计时可以从标准逻辑单元库中选择 SSI (门电路)、MSI (如加法器、比较器等)、数据通路 (如 ALU、存储器、总线等)、存储器甚至系统级模块 (如乘法器、微控制器等) 和 IP 核，这些逻辑单元已经布局完毕，而且设计得较为可靠，设计者可以较方便地完成系统设计。目前用 CPLD (复杂可编程逻辑器件) 和 FPGA (现场可编程逻辑阵列) 来进行，ASIC 设计是最为流行的方式之一。

七、片上系统设计

SoC (Systemon Chip) 称为片上系统，也有的称为系统级芯片，它是一个有专用目标的集成电路，其中包含完整的系统并有嵌入软件的全部内容。

从 20 世纪 90 年代至今，IC 设计能力正在发生一次质的飞跃，即由 ASIC 设计方法向 SoC 设计方法转变。SoC 由可设计重用的 IP 核组成，所以 IP 核是 SoC 片上系统的核心部分，但多数公司和研究机构没有能力开发自己的 I 核处理器，业界比较流行的做法是购买微处理器的 IP 核，如 ARM 核或 MIPS 核。

IP 核是具有知识产权的集成电路芯核的简称，其作用是把一组拥有知识产权的电路设计集合在一起，构成芯片的基本单位，以供系统设计之用。它是一段具有特定电路功能的硬件描述语言程序，该程序与集成电路工艺无关，可以移植到不同的半导体工艺中去生产集成电路芯片。IP 核有两种，用 VHDL 等硬件描述语言描述的功能块称为软核，具有特定电路功能的集成电路版图称为硬核。其实可以把 IP 核理解为一颗 ASIC，以前是 ASIC 做好以后在 PCB 上使用，现在是 IP 核做好以后以便集成在更大的芯片里。

利用 IP 核设计电子系统，引用方便，修改基本元件的功能容易。IP 核具有复杂功能和商业价值，故而具有知识产权，尽管 IP 核的市场活动还不规范，但是仍有许多集成电路设计公司从事 IP 核的设计、开发和营销工作。IP 核是 ARM 公司的核心业务，目前全球有 103 家巨型 IT 公司在采用 ARM 技术，20 家最大的半导体厂商中有 19 家是 ARm 的用户，包括得州仪器、意法半导体、Philips 和 Intel 等。

SoC 设计包括三种主要技术：软 / 硬件协同设计技术、设计重用技术、与底层相结合的高层设计技术。三者相辅相成、相互促进。软 / 硬件协同设计通常是从一个给定的系统任务开始的，通过有效地分析系统任务和所需要的资源，采用一系列的变换方法并且遵循特定的准则，自动生成符合系统功能要求的、符合实现代价约束的硬件和软件框架。这种全新的软 / 硬件协同设计思想需要解决许多问题：系统级建模、系统级描述语言、软硬件划分、性能评估、协调综合、协同仿真和协同验证。设计重用技术主要是指基于 IP 核的设计重用技术、测试技术及验证技术。软硬件协同设计技术常与设计重用技术交织在一起，成为目前 SoC 系统级设计的主要部分。而与底层相结合的高层设计技术是在现阶段由于制造工艺不断进步，进入纳米级环境的前提下，提出的一种能有效解决高层综合和物理设计不匹配而导致设计不收敛问题的新技术。

目前，在学术界和工业界比较认可的 SoC 系统级设计方法学从性质上基本可分为三大阵营：自顶向下、自底向上、上下结合或中间相遇。从具体的表现形式和实现方式来说，这三大阵营分别由以下三个研究团体提出的相关方法和技术支撑，即美国加州大学 Irvine 分校嵌入式系统研究小组的基于 SpecC 的逐层细化求精设计方法、法国 TIMA 实验室系统级综合小组的基于组件的多处理器核 SoC 设计方法、美国加州大学 Berkeley 分校 CAD 研究小组的基于平台的设计方法。

第三章 电子信号处理与管理应用

第一节 电力电子装置中信号处理技术

一、隔离放大器技术

(一) 隔离放大器关键性参数指标

现将隔离放大器的关键性技术参数总结如下：

（1）隔离强度：也叫隔离能力、耐压强度或测试耐压，这是衡量隔离放大器的主要参数之一，单位为伏特 @1 分钟。它指的是输入与输出、输入与电源和输出与电源之间的耐压能力。它的数值越大说明耐压能力越好，隔离能力越强，滤波性能越高。一般而言，这种耐压测试是通过一次性样品的耐压检验来确定的。在该测试过程中，将分别在输入与输出、输入与电源以及输出与电源之间加载 50Hz/60Hz 的工频电压，并持续若干分钟以便得出器件同另一个电势面之间不会发生击穿的电压数值。

（2）精度：这是衡量一个隔离放大器处理弱信号质量的标尺。业内一般能做到量程的 ±0.2%。有些品牌如 ADI 公司和 TI 公司的器件能做到±0.1%。

（3）温度系数：表示隔离放大器在环境温度发生变化时，测试精度的变化情况。

（4）响应时间：表征隔离放大器的响应快慢的指标。

（5）绝缘电阻：内部电源与外壳之间隔离直流作用的数值化表征参数。

（6）负载电阻：反映了隔离放大器的带载能力的指标参数。

(二) 使用隔离放大器的注意事项

根据经验，现将应用于电力电子装置的隔离放大器的注意事项总结如下。

（1）量程控制的问题：最好在设计之初，就需要确定传送到隔离放大器输入端的电压范围，不能超过它的额定值，否则，测试准确度难以保证，这就需要阅读所选器件的参数手册，知晓其输入电压的范围和增益大小。

（2）零点问题：所谓零点是指当隔离放大器的输入电压为零时，其输出电压也应该为零。零点问题包括两方面：

①运算放大器的零点。由于隔离放大器的输入端有调理电路和滤波电路，隔离放大器的输出端也有滤波电路，那么这些电路中的运算放大器也会存在零点问题，不过可以利用它们的调零端和外接调零电位器加以解决。

②隔离放大器的零点。理论上讲，当隔离放大器的输入端为零时，其输出电压也应该为零。随着器件的生产批次、厂商的不同有很大的变化，这给用户的使用带来了很大的麻烦，必须设计相应的零点补偿电路。

（3）消除噪声：除了由线性光耦构成之外，其余的隔离放大器都采用了调制解调手段。在调制解调过程中不可避免地会产生一些噪声，噪声也会来自电源和被测对象。为了滤除这些噪声，在信号输入隔离放大器之前和从隔离放大器输出之后，设置相应的滤波回路是有必要的。为了滤除调制解调过程中产生的固有噪声，滤波器的参数应根据隔离放大器调制器的固有频率设置。在靠近隔离放大器的地方，应设置电源去耦电容或者加 π 型滤波器。大多数隔离放大器没有内置 DC/DC 变换器，需要外部供给输入侧电源。选择 DC/DC 变换器时，要和隔离放大器的调制方式、调制频率结合起来考虑。较快捷的办法就是按照厂家推荐的配置进行选择，或者根据其推荐的 DC/DC 变换器的技术参数，寻找相应的替代器件。

（4）降低辐射的影响：变压器耦合隔离放大器本身构成一个电磁辐射源。如果周围其他的电路对电磁辐射敏感，就应设法予以屏蔽。

（5）线性光耦的死区问题：线性光耦构成的隔离放大器，其发光管需要用电流来驱动。当输入信号较小时，驱动电流也较小，发出的光微弱到可能不足以被光电管检测到，这样在此附近就存在一个"死区"。为防止被测信号有可能落在这一区间，在信号进入隔离放大器前应由偏置电路将原始信号抬高，使得综合之后的信号不可能落在这一区间。

（6）带宽（BW）问题：涉及所选隔离放大器的频率范围、增益带宽积

（GBW）等关键性参数。带宽被定义为运放电路可以给出规定输出幅值的最高频率，其中规定幅值是可以变化的。带宽实际上就是器件能够采样的范围，有效带宽是实际采样范围。在保险的情况下，工程上一般选择的带宽频率必须大于采样频率的 50 倍。除了带宽外，常见的与带宽相近的一个参数是增益带宽积，不过它们均可以通过器件的参数手册进行查阅。

总之，按照上述方法使用隔离放大器，在零点、量程和线性度的精度方面都有很好的保证。隔离放大器主要应用于信号频率较低、需要进行电气隔离的场合，比如：

①工业过程控制中的温度控制、压力控制等。

②电机控制中的可控硅触发信号控制。

③电力系统监测。

④计算机数据采集系统。

⑤微处理器测控设备。

(三) 隔离放大器的选择方法

隔离放大器的选型，应该根据现场电力电子装置的传感器、显示仪表、控制系统或上位机接口等具体情况的不同而合理进行。目前很多情况要求输入 / 输出信号为 DC 4～20mA、DC 1～5V，当然也有一些特殊的输入 / 输出信号。在隔离放大器选型时除了要确定它的功能、适应前后端接口外，还有精度、输出纹波、温度漂移、功耗和响应时间等参数，都需要谨慎选择。现将它们简述如下：

（1）精度：隔离放大器的精度是非常重要的参数，精度的高低直接关系到隔离放大器能否正常使用。隔离放大器的精度体现了隔离放大器的设计、制造水平。用户在选用时应该选用精度高的器件。

（2）纹波：由于隔离放大器使用 DC/DC 电路对隔离放大器的工作电源进行隔离，且要给隔离放大器内部电路供电，输入信号也要先使用 DC/DC 电路调制成交流信号，然后经过隔离部分电路进行信号隔离，隔离后的信号经解调后再转换成直流信号输出。以 CPU 为核心的隔离放大器也存在脉冲信号。隔离放大器内部存在的这种高频的交流分量，就是产生输出纹波的原因。这些高频的交流分量的频率一般都有几百 kHz 且谐波成分较多，对信号的污染很难完全滤除。如果输出纹波幅值较高，控制系统模拟量输入模板采集到信号的误差就会增大，对于高速输入的模拟量输入模板更是如此。所以选择隔离放大器时应要求输出纹波的峰—峰值越小越好。顺连电子的各种系列隔离放大器均采用高效的滤波电路，较好地抑制了输出纹波。读者在选用时应该选用纹波小的器件。

（3）温度漂移：由于隔离放大器工作时产生热量，导致隔离放大器内所使用的电子元器件性能指标下降，因而造成隔离放大器的输出值发生变化。选择隔离放大器时应要求温度漂移的值越小越好，读者在选用时应该选用温度漂移小的器件。

（4）低功耗：功耗是指隔离放大器工作时所消耗的电能。它涉及器件在工作时的发热量，这个参数与隔离放大器的使用寿命、可靠性和隔离放大器的外形、安装方式都有密切的关系。在选用隔离放大器时应选择功耗低的器件，若器件的功耗大，在器件工作时产生的热量就大，造成器件壳体内的温度高。组成器件的电子元器件长期处于高温环境下，会导致运算放大器参数蜕变、电阻阻值变化和电容漏电增大等。这些问题将使器件性能下降，或导致器件出现故障甚至失效。

（5）响应时间：响应时间是指器件的输入量发生变化到器件的输出量正确地将变化量反映到输出上的时间。响应时间越短，就能够越真实地反映出输入量的变化，从而有效地监视和控制电力电子装置的控制过程。在选择隔离放大器时，其响应时间要求越短越好，读者在选用时应该选用响应时间短的器件。

对于高速模拟测量，光电耦合器易受到速率、功耗和 LED 损耗等与光电耦合相关的限制的影响。基于电容耦合和感应耦合的数字隔离装置，可以缓解许多光电耦合器的限制。与电容隔离方法和光学隔离方法相比，感应隔离消耗的功率更低。

需要提醒的是，类似 ACPL-K370 和 ACPL-K376 光耦，具有为电压 / 电流阈值检测的光电耦合器，ACPL-K376 是 ACPL-K370 的低电流版本。为了以较低的电流工作，ACPL-K376 采用 AlGaAs 高效率 LED，从而可在驱动电流较低的情况下实现较高的光输出。该器件利用阈值感应输入缓冲芯片，可在宽广输入电压范围内，通过单一外部电阻进行阈值控制。输入缓冲器具备几大功能：可以抵抗更大噪声和开关切换的滞后电路、简化交流输入信号连接的二极管桥式整流电路，以及保护缓冲器和 LED 不受各种过电压和过电流瞬变破坏的内部钳位二极管。由于在驱动 LED 之前已完成阈值感测，因而 LED 至探测器的光电耦合转换将不会影响阈值水平。ACPL-K370的输入缓冲芯片具有 3.8V（VTH+）和 2.77mA（ITH+）的标称接通阈值。ACPL-K376 缓冲芯片的设计用于较低的输入电流。ACPL-K376 的标称接通阈值为 3.8V（VTH+）和 1.32mA（TTH+），从而降低了 52% 的功耗。高增益输出级采用开放式集电极输出，带来 TTL 兼容饱和电压与 CMOS 兼容击穿电压。它们可以应用于电力电子装置中测试交流输入电压和电流、交流输出电压和电流以及直流母线电压，除此之外，还可以用于限位开关感应、低电压检测、继电器触点监测和继电器线圈电压监测等多个场合。

二、隔离A/D转换器技术

(一) 概述

逆变器在很多领域有着越来越广泛的应用，对逆变器的研究具有非常重要的意义和广阔的工程应用前景。常见逆变技术的控制方法大致分为开环控制的载波调制方法和闭环控制的跟踪控制方法。跟踪控制方法属于闭环控制，闭环反馈中的检测环节需要与高压主电路相互隔离，避免高压侧电磁噪声对控制电路的窜扰。高性能的跟踪型逆变器对反馈量的实时性要求很高，因此要求反馈环节具有高速隔离传输模拟信号的能力。

电机控制在现代的工业应用中越来越广泛，应用环境也很复杂，所以在电机控制系统中，主控芯片与接口系统之间隔离，确保对主控芯片起到良好的保护将越来越重要，而且在电机控制系统中，需要采用多通道电气隔离手段，所以此时基于磁耦合的高集成度、灵活性好和通道多的隔离器件便成为首选方案。在现代跟踪控制用逆变器领域中大多采用数字化控制，如前所述，最常用的隔离技术可以分为线性隔离和数字隔离。除此之外，如果在高压侧将模拟量变成数字量，再通过高速隔离 A/D 转换器传输数字量，则既避免了模拟量隔离传输所存在的问题，又满足数字化控制的现实要求。因此，隔离型 A/D 转换器将广泛应用于电流监控、交流电机控制、功率变换器

(如太阳能逆变器、风电变换器和风轮机逆变器等)和数据采集系统中，当然，也是模数及光隔离器件的优秀替代方案。

(二) 使用隔离型 A/D 转换器的注意事项

现将使用隔离型 A/D 转换器的注意事项总结如下：

(1) 如何选择分辨率的问题：在决定需要多少位时，要考虑诸如噪声和谐波等系统和 A/D 转换器误差，并确保即便在把上述误差也考虑在内时，系统仍有足够的分辨率。如果分辨率不够高，在数据读取时会发生量化误差，且系统精度将下降。

(2) 转换速度的权衡问题：在确定 A/D 转换器所需的速度时，周期性采样频率至少为感兴趣信号的最高频率的两倍。对大多数系统来说，一个设计好的采样频率至少是感兴趣信号最高频率的 5 倍甚至更高。举例说明，在某电源监控应用中，在故障情况下，也许要求 1ms 的响应时间，如对 10k 采样 / 每通道的采样频率要求来说，它允许一个 80k 采样 / 秒的 8 通道 A/D 转换器，以10 倍的过采样速率监测 4 个电流和 4 个电压值，以确保满足故障条件要求。

(3) 正确处理电源和地的问题：如果可能，需要使用单独的输入侧电源和单独的输出侧电源。而且输入侧电源的参考地 GND 与输出侧电源的参考地 GND，要严格分区设计。输入侧电源引脚要用 0.1μF 和 10μF 进行去耦接到它的地上（GND），输出侧电源引脚要用 0.1μF 和 10μF 进行去耦接到它的参考地（GND2）上。两种电源线在 PCB 上要走尽量宽的线。如果可能的话，尽量采用 4 层 PCB 设计。

(4) 量程控制的问题：最好在设计之初，就需要确定传送到隔离 ADC 芯片输入端的电压范围，不能超过它的额定值，否则，测试准确度难以保证，这就需要阅读所选器件的参数手册。

(5) 抑制电磁噪声的问题：由于隔离 A/D 转换器是基于变压器耦合方式，它本身便构成了一个电磁辐射源。如果周围其他的电路对电磁辐射敏感，就应设法予以屏蔽。最实用的方法就是在隔离 A/D 转换器的输入端设计硬件滤波器，滤波器的参数应根据隔离器调制器的固有频率设置。且在靠近隔离放大器的地方，应设置电源去耦电容或者加 π 型滤波器。在隔离 A/D 转换器的输出端设计软件滤波器，推荐使用 sinc 滤波器。为了滤除调制解调过程中产生的固有噪声，大多数隔离 A/D 转换器没有内置 DC/DC 变换器，需要外部供给输入侧电源。选择 DC/DC 变换器时，要和隔离 A/D 转换器的调制方式、调制频率结合起来考虑。常规办法就是选用生产厂家推荐的搭配，或者根据其推荐的 DC/DC 变换器的技术参数，寻找相应的替代器件。

三、测控系统抗干扰设计示例

(一) 概述

谐波的产生是非线性负载所致。当电流流经负载时，与所加的电压不呈线性关系，就形成非正弦电流，从而产生谐波。谐波频率是基波频率的整倍数，根据法国数学家傅立叶（M. Fourier）分析原理证实，任何重复的波形都可以分解为含有基波频率和一系列为基波倍数的谐波的正弦波分量。对变频驱动及电源系统的典型拓扑而言，采用电力电子装置，如变频器驱动的电动机系统，因其节能效果明显、调节方便、维护简单和网络化等优点而得到越来越多的应用。但是，由于变频器特殊的工作方式带来的干扰越来越不容忽视。变频器干扰主要有：

（1）变频器中普遍使用了电力电子器件（如晶闸管、整流二极管和 ICBT 等）非线性整流器件，其产生的谐波对电网将产生传导干扰，引起电网电压畸变（电压畸变率用 THDv 表示，变频器产生谐波引起的 THD_v 为 10% ~ 40%），影响电网的供电质量。

（2）变频器的输出部分一般采用的是 IGBT 等开关器件，在输出能量的同时将在输出线上产生较强的电磁辐射干扰，影响周边电器的正常工作。

①谐波使装置中的电器元件产生了附加的谐波损耗，降低了电能变换设备的效率。

②谐波可以通过电力电子装置的输入端电网传导到其他的用电器，影响了许多电气设备的正常运行，比如，谐波会使变压器产生机械振动，使其局部过热，绝缘老化，寿命缩短，以至于损坏；还有传导来的谐波会干扰电器设备内部软件或硬件的正常运转。

③谐波会引起电力电子装置的输入端电网中局部的串联或并联谐振，从而使谐波放大。

④谐波或电磁辐射干扰，会导致电力电子装置内部的继电保护装置的误动作，使二次电气仪表计量不准确，或者致使上位机通信故障甚至会无法正常工作。

⑤电磁辐射干扰使经过电力电子装置输出导线附近的控制信号、检测信号等弱电信号受到干扰，严重时使系统无法得到正确的检测信号，或使控制系统紊乱。随着微处理器（MCU）技术的发展，MCU 在电力电子装置中的应用越来越广泛，如基于 MCU 设计集数据采样处理、通信、保护和驱动等功能于一体的测控系统（以下简称为 MCU 测控系统），从而作为电力电子装置运行的"大脑"。因此，基于 MCU 测控系统的可靠性将直接影响到电力电子装置的安全生产和经济运行，测控系统的抗干扰能力是关系到整个系统可靠运行的关键。电力电子装置中所使用的各种类型传感器及其信号调理板卡，有的是集中安装在控制室，有的是安装在生产现场和各种电机设备上，它们大多处在强电电路和强电设备所形成的恶劣电磁环境中。要提高 MCU 测控系统可靠性，设计人员只有预先了解各种干扰源才能采取有效措施，确保系统可靠、安全和健康运行。

（二）测控系统中电磁干扰的主要来源

在电力电子装置中，MCU 测控系统中电磁干扰的主要来源有以下 6 方面。

1. 来自工作环境的辐射干扰

空间的辐射电磁场（EMI）主要是由电力网络、功率模块的暂态过程、雷电、无线电广播、电视、雷达和高频感应加热设备等产生的，通常称为辐射干扰，其分布极为复杂。若埋置于工业现场的传感器及其信号调理系统置于所射频场内，就会耦合辐射干扰，进而传送到 MCU 测控系统中，其影响主要通过两条路径。

（1）直接对 MCU 测控系统内部的辐射，由电路感应产生干扰。

（2）对 MCU 测控系统中的通信内网络的辐射，由通信线路的感应引入干扰。辐射干扰与现场设备布置及设备所产生的电磁场大小，特别是开关频率密切相关。

一般通过设置屏蔽电缆和 MCU 测控系统局部屏蔽及高压泄放元件进行

保护。

2. 来自电力电子装置系统外引线的干扰

主要通过电源和信号线引入，通常称为传导干扰。这种干扰在电力电子装置工作现场较严重。

3. 来自电源的干扰

实践证明，因电源引入的干扰造成 MCU 测控系统故障的情况很多，在某直线电机工程调试中遇到过，更换某晶闸管触发板卡的隔离性能更高的 DC/DC 电源，问题才得到解决。MCU 测控系统的正常供电电源均由电网供电。由于电网覆盖范围广，将受到所有空间电磁干扰而在线路上感应电压和电路。尤其是电网内部的变化，开关操作浪涌、大型电力设备起停、交直流传动装置引起的谐波以及电网短路暂态冲击等，都通过输电线路到电源边。MCU 测控系统的电源通常采用隔离电源，但其机构及制造工艺因素使其隔离性并不理想。实际上，由于分布参数特别是分布电容的存在，绝对隔离是不可能的。

4. 来自传感器信号线引入的干扰

与 MCU 测控系统连接的各类传感器信号传输线，除了传输有效的各类信号之外，总会有外部干扰信号侵入。此干扰主要有两种途径：通过变送器或共用信号仪表的供电电源串入的电网干扰，这往往被忽略；信号线受空间电磁辐射感应的干扰，即信号线上的外部感应干扰，这是很严重的。由信号引入干扰会引起 I/O 信号工作异常和测量精度大大降低，严重时将引起元器件损伤。对于隔离性能差的系统，还将导致信号间互相干扰，引起共地系统总线回流，造成逻辑数据变化、误动和死机。MCU 测控系统因信号引入干扰造成 I/O 模件损坏数相当严重，由此引起系统故障的情况也很多。

5. 来自电力电子装置接地系统混乱时的干扰

接地是提高电力电子装置设备电磁兼容性（EMC）的有效手段之一。正确的接地，既能抑制电磁干扰的影响，又能抑制设备向外发出干扰。然而错误的接地，反而会引入严重的干扰信号，致使 MCU 测控系统将无法正常工作。MCU 测控系统的地线包括系统地、屏蔽地、交流地和保护地等。接地系统混乱对 MCU 测控系统的干扰主要是各个接地点电位分布不均，不同接地点间存在地电位差，引起地环路电流，影响系统正常工作。例如，电缆屏蔽层必须一点接地，如果电缆屏蔽层两端 A、B 都接地，就存在地电位差，有电流流过屏蔽层，当发生异常状态加雷击时，地线电流将更大。此外，屏蔽层、接地线和大地有可能构成闭合环路，在变化磁场的作用下，屏蔽层内会出现感应电流，通过屏蔽层与芯线之间的耦合，干扰信号回路。若系统地与其他接地处理混乱，所产生的地环流可能在地线上产生不等电位分布，影响 MCU 测控系统内逻辑电路和模拟电路的正常工作。MCU 测控系统工作的逻辑电压干扰容限较低 (大多为 5V 以下，典型值为 3.3V 左右)，逻辑地电位的分布干扰容易影响 MCU 的逻辑运算和数据存储，造成数据混乱、程序跑飞或死机。我们团队在某直线电机的位置测试系统的工程调试中就曾经遇到过这种问题。模拟地电位的分布将导致测量精度下降，引起对信号测控的严重失真和误动作。

6. 来自 MCU 测控系统内部的干扰

主要由 MCU 测控系统内部元器件及电路间的相互电磁辐射产生，如逻辑电路互辐射及其对模拟电路的影响，模拟地与逻辑地的相互影响及元器件间的相互不匹配使用等。这都属于设计者对 MCU 测控系统内部进行电磁兼容设计的重要内容，虽然比较复杂，但是作为工程应用是无法回避的。

(三) 抑制谐波的弱电方面的措施

电力电子装置是一个集电力 (高电压、大电流)、电子 (低电压、小电流) 于一体的复杂电气设备。在电力电子装置工作时，内部的强电与弱电之间有电磁传导，功率器件工作在数 kHz 的开关状态，存在大量的电磁辐射。这些电磁传导和电磁辐射都会严重影响整个变频器可靠、稳定地运行。电力电子装置变频器与其他相关电气电子设备同样存在电磁兼容问题。常规解决方法如隔离、屏蔽和接地，尤其是接地方式，只要良好、可靠接地，可大大减少电磁辐射。要求变换装置的供电电源与其他设备的供电电源相互独立，变换器和其他用电设备的输入侧安装隔离变压器。同时变换器输出电源应尽量远离控制电缆敷设 (不小于 50mm 间距)，必须靠近敷设时尽量以正交角度跨越，必须平行敷设时尽量缩短平行段长度 (不超过 1mm)，输出电缆应穿钢管并将钢管作电气连通并可靠接地。除此之外，还需要采取以下特殊的设计方法。

1. MCU 电源使用滤波模块或组件

目前，市场中有很多专门用于抗传导干扰的滤波器模块或组件，这些滤波器具有较强的抗干扰能力，同时还具有防止用电器本身的干扰传导给电源，有些还兼有尖峰电压吸收功能，对各类用电设备有很多好处。常用双孔磁心滤波器的结构，还有单孔磁心的滤波器，其滤波能力较双孔的弱些，但成本较低。

2. 选用具有开关电源的二次仪表等低压设备

一般开关电源的抗电源传导干扰的能力都比较强，因为在开关电源的内部也都采用了有关的滤波器。因此，在选用控制系统的电源设备，或者选用控制用电器的时候，尽量采用具有开关电源类型的。

3. 信号线的抗干扰设计必须完备

信号线承担着传感器检测信号和控制信号的传输任务，毋庸置疑，它们传输的质量将直接影响到整个电力电子装置中的 MCU 测控系统的准确性、稳定性和可靠性，因此做好它们的抗干扰设计是十分必要的。对于信号线上的干扰主要是来自空间的电磁辐射，有常态干扰和共模干扰两种。

（1）常态干扰的抑制措施：常态干扰是指叠加在测量信号线上的干扰信号，这种干扰大多是频率较高的交变信号，其来源一般是耦合干扰。抑制常态干扰的方法有：

方法 1：在输入回路接 RC 滤波器或双 T 滤波器。

方法 2：尽量采用双积分式 A/D 转换器，由于这种变换器工作的特点，具有一定的消除高频干扰的作用。当然，如果可以的话，选择隔离式 A/D 转换器，将 A/D 转换器的一次侧与二次侧的地线分割开来。

方法 3：将需要远距离传输的电压信号转换成电流信号，以便适应远距离传输环境，它对于常态的干扰有非常强的抑制作用。

（2）共模干扰的抑制措施：共模干扰是指信号线上共有的干扰信号，一般是由于被测信号的接地端与控制系统的接地端存在一定的电位差所致，这种干扰在两条信号线上的周期、幅值基本相等，所以采用上面的方法无法消除或抑制。对共模干扰的抑制方法如下：

方法 1：采用双差分输入的差动放大器，这种放大器具有很高的共模抑制比。当然，如果可以的话，选择隔离式放大器，将放大器的一次侧与二次侧的地线分割开来。

方法 2：把输入线绞合，绞合的双绞线能降低共模干扰，由于改变了导线电磁感应的方向，从而使其感应互相抵消。

方法 3：采用光电隔离的方法，如前所述，选择光耦式放大器，可以消除共模干扰。当然还可以利用"频压转换 + 压频转换 + 数字隔离""常规放大器 + 隔离 A/D 转换器 + 数字隔离器""隔离放大器 + 隔离 A/D 转换器 + 数字隔离器"等不同电路方式。

方法 4：使用屏蔽线时，对电力电子装置而言，建议屏蔽层采用一端接地方式，因为若两端接地，由于接地电位差在屏蔽层内会流过电流而产生干扰，因此只要一端接地即可防止干扰。在使用以 MCU 为核心的控制系统中，编制软件的时候，可以适当增加对检测信号和输出控制部分的软件滤波，以增强系统自身的抗干扰能力。

第二节　超高速光信号接入平台智能监控管理技术研究

一、超高速光信号接入设备监控管理重要性

对于超高速光信号接入设备而言，其处于信息获取链中上游的位置，承担着为下游设备信息解译、业务分析等提供正确可靠低误码的数据流和网络服务，决定了其必须具备高"可靠性（Reliability）"；信息服务 24 小时不间断的工作特点要求光信号接入在全时间域的"可用性（Availability）"；光信号接入设备在地理空间上的分布性特点和对可靠性、可用性的高要求决定了其高"可维护性（Tangential Deflection）"，在出现错误或故障时能够实现带内自主智能的错误信息获取、错误类型诊断以及错误修复和带外的管理维护。因此要满足对"三性（RAS）"的要求，针对超高速光信号接入设备自身状态的监控与管理便必不可少。

首先，超高速光信号接入平台本身硬件结构复杂，电源类型丰富，高速信号线密集，多块高性能芯片加上复杂的信号处理分析任务所带来的高功耗、高负载都对平台硬件安全性提出了非常高的要求。对于设备电源状态、板卡温度及散热情况分析以及主要的高负载关键芯片工作状态的监控与管理都是

平台持续正常稳定工作，保证"可用性"的必要条件。其次，接入平台所接收的光信号速率非常高，通常单通道可达100Gb/s以上。最终服务的质量不仅取决于平台接入和处理数据的能力，也取决于平台对于高速信号完整性设计，以及处理算法和信号流调度算法的设计。因此，一个监控管理系统对于输入输出信号格式和速率，信号误码率进行统计，支路及端口时隙进行分配等，这些将会帮助平台输出更稳定、更高效的服务，提升平台的"可靠性"。最后，监控管理系统将通过信号丢失告警、帧丢失告警、硬件异常状态告警等方式告知错误，并通过自动化程序和算法诊断故障原因，确定故障源并在限定范围内进行自动化应急处理和智能化故障排除。并提供日志管理等功能辅助管理维护人员解决错误故障，降低运维成本，达到平台高"可维护性"的目标。

对超高速光信号而言，随着光纤通信技术的发展，尽管高阶调制格式和多种复用技术使得光信号的速率越来越高，但也造成了星座点间距离变短，频谱通道间隔变窄，对于网络中光信号接入设备所能接受的噪声容限也越来越低。然而，更长距离的光纤信道以及更多的光设备加入通信系统中却带来了更多的噪声源以及色散和非线性效应等传输损伤。此外，出现在网络元件上的温度漂移、应变、老化等传统物理效应依旧困扰着信号质量的提升。同时，所承载的越来越大的信息量给接入设备带来的计算量也不断上涨，负载功耗也因此攀升。另一方面，更多用户和业务的涌入带来了更多样的业务类型、更多的网络节点和更庞大的网络。光网络上因而承载了不同调制、多址、复用方法的信号，多体制多规格的特点给超高速光信号的一体化接入提出了更高的要求。为了应对海量光信号的交叉交换的巨大挑战，光网络的网络拓扑和路由由此变得更加复杂化和动态化。ROADM的出现允许了信号传输路径的动态变化，而同时使得可重构光网络中的噪声和损伤变得路径依赖，因而进一步加剧了光信号接入设备的信号处理压力和难度。因此，为了解决上述问题，针对光纤链路进行监测，及早发现问题，及时报告网络故障类型及定位，对于降低光网络运营成本，辅助资源高效配置，保障光信号接入设备稳定运行也具有重要的意义。这种对光纤链路性能进行估计而对光信道中部分光信号进行处理的检测技术被称为光性能监测（Optical Performance Monitoring, OPM）。

在光信号接入平台中进行光性能监测可以通过嗅探网络攻击、自适应补偿损伤等方式进一步加强光信号接入平台本身服务功能的"可靠性"。另外，当错误或故障来临时，通过对链路状态的采集和判断可以更广泛地确定故障源，以此生成更精准的诊断结果，完成更有效的解决方案。这将进一步降低维护的成本和周期，提升设备的"可维护性"。

在 OPM 中，光信噪比（OSNR）是最基础也最重要的监测参数之一。其通过量化信道中由 EDFA 等器件产生的放大器自发辐射（Amplifier Spontaneous Emission，ASE）等噪声，衡量光纤信道的传输性能。足够高的 OSNR 是能够正确解调解码恢复原始数据的必要条件。W.Freude 等德国学者推导了 OSNR、Q 因子、误差向量幅度（ErrorVector Magnitude，EVM）以及误比特率（Bit-Error Rate，BER）之间的理论解析关系，并进行了在六种调制格式下以 20GBaud 和 25GBaud 符号速率信号中，测试不同 OSNR 条件下测量 EVM 和 BER 的实验。从文中的实验结果和解析计算结果中可以看出，当 OSNR 降低时，EVM 会因为噪声的增加而变大，致使最终接收到的比特流的 BER 急剧劣化，越是高阶的调制格式对于 OSNR 越敏感。而高阶调制是提高传输速率的主要方式之一。因此，OSNR 直观反映了信号质量和系统性能，和最终的误比特率有着直接的关系。足够高的 OSNR 保证了最基本的传输环境和可接受的传输错误，对于光信号接入平台的信号处理质量具有至关重要的影响。OSNR 同时可以和光功率等参数结合，进而分析出信道损伤是来自加性噪声还是非线性效应或是其他原因。此外，OSNR 的监测将帮助动态可重构光网络的配置，网络的故障诊断与定位。

二、超高速光信号接入平台的分析与研究

（一）超高速光信号接入平台任务及功能

巨大的信息需求促使光纤通信朝复杂化，特别是网络化的方向发展。以美国为首的发达国家纷纷以网络和信息栅格作为信号感知、信号处理、信息传输、信息交换和信息获取利用的平台，提出和制定了多种复杂的通信规程和协议，使用多种调制样式、多种复用和多址方式、多种信息链路等技术，进一步促进了智能光网络的发展。智能光网络引入独立的控制平面后，将支持光传送网根据业务类型提供不同速率、格式和比特率的服务。

面对光纤链路中复杂的光信号制式，为了推进智能光网络的实现，100G 及以上多规格光信号一体化智能接入是实现智能光网络的重要技术。

针对高速率多规格光信号一体化接入的需求，研究了基于相干光接收的方案，解调 100G 速率等级及以上的不同规格光信号；通过开发使用国产 40G 8-bit ADC 模块，进行数模转换获取前端数据；应用具有高速率串行解串器（Serializer/Deserializer, SerDes）接口和大吞吐量 HBM 的 FPGA 产品实现高速电信号正确采集以及缓存；通过盲识别算法对数据格式进行分析，最终在超高速光信号接入平台中实现多规格光信号一体接收。

（二）超高速光信号接入平台架构

1. 数字相干接收机原理

数字相干接收机主要由光域解调、平衡光检测、模数转换和数字信号处理四个主要步骤组成。

首先，偏振分光棱镜（Polarization Beam Splitter, PBS）将入射的光纤中的光信号中 x 和 y 两个垂直的偏振方向光分离。而后分别和本地振荡器（Local Oscillator, LO）发射的本振光进行 90° 混频，进行光域相干解调，获得两个偏振下的各四路输出光信号。之后通过光电二极管，对八路输出光信号进行平衡光检测，实现光电转换，得到两个偏振下的各一对正交电信号。然后，在电域，通过模数转换器（Analog-to-Digital Converter, ADC）将两对正交信号进行采样，转化成数字信号。

所采样的数字信号将被送入数字信号处理器（DSP）或现场可编程逻辑门阵列（Field Programmable Gate Array, FPGA）或专用集成电路（Application Specific Integrated Circuit, ASIC）进行数字信号处理。数字信号处理的目的是从采样的数字信号中重构恢复出所发送的符号码流。四路正交信号将首先作归一化处理，并对两个偏振的复数信号作正交化。接下来，通过静态均衡补偿信号在光纤信道中传输所收到的大部分损伤，并利用动态均衡补偿信道中剩余的时变损伤。损伤包括了色度色散、偏振模色散、非线性效应等。之后，将补偿后的信号进行插值和时钟信号恢复，并对其相位进行估计，用于最后的符号估计。判决之后，通过前向纠错（Forward Error Correction, FEC），纠正一定的误码，最后将重建的码流输出和转发。

2. 超高速光信号接入平台架构

多体制、多规格 OTN 信号智能一体化接入平台采用标准的 ATCA 架构。新飞通（NeoPhotonics）公司开发的支持 OIF-DPC-MRX-02.0 一类协议的集成相干接收器（Intradyne Coherent Receivers, ICR）进行光域解调和平衡光检测，最高可支持 32GBaud 符号速率的 PDM-QPSK 信号。本振光由新飞通公司支持 OIF-ITLA-MSA-01.2 协议的可集成波长可调激光器（Integrable Tunable Laser Assembly, ITLA）产生，覆盖 C 波段和 L 波段，186.5THz 到 196.1THz 可调。

ADC 采用讯芯微电子公司的 50 GSa/s 8bit ADC 芯片，时钟采用 TI 公司的 LMK04828 和 LMX2820。通过时钟产生和分配电路配合，可实现四通道同步采集。

处理器采用两级 FPGA 串联对信号进行接收处理。第一级采用 Xilinx-Virtex UltraScale+ 系列的 XCVU13P FPGA，支持 128 通道 32.75 Gbps 串行数据通道，内部大量逻辑资源可用于进行解调、均衡、译码等数字信号处理功能的实现。第二级基于 Stratix 10 MX FPGA，支持 96 通道 28.3 Gbps 的串行数据通道，内部集成片上存储 HBM（512 GByte/s，8G），用于实现高速数据的缓存和转发。最终离线通过 QSFP28 对数据进行输出。

（三）数据处理模块配置管理和系统监测需求分析

1. FPGA 启动配置错误源分析

FPGA 启动配置读取比特流之前需要进行设备初始化。首先设备上电后，FPGA 将清除配置，并采样模式管脚电平，读取启动模式。确定启动配置模式之后，FPGA 将通过接收同步字进行同步：获知配置数据的起始从而保证配置数据和内部配置逻辑相一致。同步后，FPGA 将确定设备 ID 与配置文件的目标 ID 是否匹配。一切准备就绪后开始读取配置数据并在接收完成后进行循环冗余校验（Cyclic Redundancy Check, CRC）。通过校验之后，设备配置完成，开始工作。

在配置过程开始前，FPGA 需要等待时钟锁相并保证接口阻抗匹配，保证信号完整性。具体而言，Xinlinx FPGA 中，需要获知其混合模式时钟管理器（Mixed Mode Clock Manager, MMCM）或锁相环（Phase Lock Loop, PLL）是否锁定。接收信号发生一定错误时，首先应检查 Xinlinx FPGA 的 DCI（数字阻抗控制，Digitally Controlled Impedance）匹配与否，否则将带来反射和振铃从而损伤信号完整性。

在采样配置模式管脚电平时也可能因为噪声或硬件设计等问题出现选择非期望的模式。而 FPGA 在 ID 检查和 CRC 时失败，往往是编程失误导致的，不过也有极小可能是发生了单粒子翻转现象（Single Event Upset，SEU）。对于这一类数据匹配问题，监控管理系统则期望能够回读 FPGA 内的数据，与发送数据进行比较，从而锁定不匹配数据位置。

FPGA 同样也会因为热管理问题，在温度过高时配置失败。而因为配置文件生成工具版本等非物理因素或逻辑错误导致的配置失败并不在本文的监控管理的范围之内。

2. FPGA 系统监测

XinlinxVirtex Ultrascale+ 系列 FPGA 内集成了系统监控模块 SYSMON，内含 0.2 MSa/s 10bit ADC 和片上传感器，可用于采样外部电压和片内包括温度、供电电平在内的工作环境状态。SYSMON 可以通过外部的 DRP、JTAG 或 I2C 接口读写状态寄存器和控制寄存器来获取 SYSMON 的监控信息并控制 SYSMON 的工作模式。

三、智能监控管理系统硬件设计

(一) 智能监控管理系统总体架构

总体上，一个针对监控管理应用的系统通常需要围绕一个具有一定计算性能的主处理单元进行设计。主处理单元负责接收和处理从平台中采集和读取的状态数据，而后将数据处理后的结果，生成对应的控制信号，最终反馈回平台，以保证平台的工作状态安全。主处理单元和平台之间的数据交互通过与平台连接接口实现，由传输状态数据的数据信号接口和传输反馈命令的控制信号接口组成。

主处理单元的正常运行除了需要基础的电源和时钟进行供电和同步外，面对大量状态的监控数据和数据处理程序，往往需要配置足够大小的内存来保证数据收发、信号处理和中断响应等多任务并发执行。同时，在进行监控管理时，往往会生成大量的日志数据，记录平台和自身系统状态，为后续回溯错误时间和状态，进行错误诊断与定位提供依据。因此，充足的外存也十分必要。

对监控管理系统来说，一个良好的人机交互对于提高系统开发效率以及直观展示监控管理效果有十分重要的意义。因此，一个包含有显示、调试串口和数据传输通道的前面板也需要集成在本系统之内。

因此，本系统需要具备高性能、大存储、高带宽的特性以满足大量数据计算、存储、传输的实际需求。

(二) 智能监控管理系统的主要器件选型

1. 监控管理系统接口配置需求分析

根据对监控管理需求的分析，多数监控数据的获取和控制信号的发送都依赖于被监控硬件设备所支持的接口协议。如 ICR 需要通过 SPI 接口对监控接口和增益幅值调节接口功能进行切换，对重启、关机等设备基础功能进行控制。ITLA 则通过 RS232 串口读写寄存器。ADC 的功能控制也主要依靠 SPI 总线进行数据传输。而 ADC 性能参数的测量和测试则需要外部 DAC 作为信号源才能进行。同时 ICR 的模拟输入输出接口的数据监控和控制也分别需要外围低速高精度 ADC 和 DAC 的支持，而这些芯片器件主要通过 I2C 总线进行通信。

同时，在监控系统本地提供 GUI 界面，为本地在线调试提供良好的人机交互接口。因此，监控管理系统还应提供视频信号输出接口如 HDMI 或 eDP、MIPI 等，可以实时查看监控系统当前所获取的系统状态情况。为了能够利用 GUI 界面在线调试，在视频输出的基础上还应有 USB 接口，方便鼠标和键盘的接入，提供系统控制输入接口。

鉴于超高速光信号接入平台内集成的器件数量庞大、型号复杂、所承载的业务数据速率极高，在短时内会产生大量的数据可用于监控管理系统的分析。而我们难以针对平台上每一个接口都在监控管理系统中设计相应的接收和发送端口，因此，我们需要使用一个带宽较高的协议，将数据打包发送，从而简化硬件需求和设计难度，并且提高了数据的传输量。千兆及更高速的以太网协议恰好能满足我们的需求，在保证足够高的带宽条件下，还提供了较高的差错控制服务，提高了传输质量和效率。当然，系统的最基本也是最后的调试串口或 JTAG 接口也要对外配置输出引脚，在系统崩溃或遭受攻击后，能以最高权限对系统进行接管、重启和故障错误排除。

2. 主处理单元选型

在选型监控管理的主处理器时，结合上文的分析，主要应该考虑计算能力、存储带宽、负载功耗、I/O 接口类型和数量能否满足开发要求。同时，由于接入平台对于我国通信领域和信息安全领域实力具有的推动作用，为了保证平台功能运行的可靠性、可维护性，推动我国关键装备与技术自主可控，该系统计划采用国产核心芯片和兼容的开源操作系统。筛选市面上较为优秀的国产处理器，以下分析瑞芯微公司的 RK3399、晶晨 S912 和联发科 MT8693 三款具有代表性的且初步符合要求的处理器。

从处理器性能来看，这三款处理器算力都很强，计算资源丰富。相比晶晨 S912，RK3399 和 MT8693 的双核 Cortex-A72 为高性能计算应用而做了优化，四核 Cortex-A53 则对低功耗处理进行了优化，可以灵活运用于不同负载条件下，非常适合应用于监控管理这种在时间上负载并不均衡的应用中。同时，RK3399 还具备独立 NEON 协处理器，可以帮助处理器加速具有大量固定且重复的数据运算。

在存储方面，目前三块处理器均可支持 DDR3 系列内存传输协议，RK3399 最高可支持低功耗的 LPDDR4 的内存传输协议。

此外，相比另外两块处理器，RK3399 的接口资源更为丰富，包括 6 路 SPI 控制器、5 路 UART 控制器、9 路 I2C 接口控制器、1 个 PCIe 接口、122 个 GPIO 接口以及 2 个 USB2.0 和两个 USBOTG3.0 界面。同时，RK3399 内集成的 GMAC10/100/1000M 以太网控制器提供了千兆以太网 RGMII 接口，支持 TCP/UDP/ICMP 等多种协议，使监控管理系统中高速的数据交换成为可能，能够满足所要求的接口需求。

RK3399 同时支持 eDP、MIPI 和 HDMI 多种显示输出，可为监控管理系统的状态数据实时显示和人机交互提供图形界面。虽然 S912 和 MT8693 都支持 HDMI2.0，但二者对移动 LCD 显示的支持不如 RK3399。

最后，RK3399 内还设计有两个通道的温度传感器（TS-ADC）和六个通道 1MSa/s10-bit 逐次逼近寄存器型 ADC，增加了监控管理系统在物理层面的维度，配合适合的传感器将提供更高的监控设计灵活性和更全面的系统健康监测。相比 S912 更高精度的 SAR-ADC，RK3399 拥有的内部 TS-ADC 传感器可以更好地保护监控管理系统自身的安全性。

3. 接口及功能扩展 FPGA 选型

RK3399 的总资源是足够的，但考虑到 RK3399 总线接口是 GPIO 复用的，有一些会被系统功能抢占；鉴于平台空间和布线限制，为了保障监控管理系统与平台的维护的相互独立和隔离，RK3399 为核心的监控管理平台主体将作为子卡，通过插槽和平台主卡相连，而这些总线不适宜从平台板卡的各个角落都汇聚到子卡所在的角落中，造成布线空间的浪费，影响平台正常的布局布线。因此，考虑在接入平台主卡上加入一块小型 FPGA 作为监控管理系统的接口扩展以及主卡和子卡的中继。FPGA 与子卡依靠高速的以太网接口和少量的控制接口进行交互，从而降低主卡硬件设计难度，减少传输线间串扰风险。同时，FPGA 内部可进行一部分逻辑运算，配置一些简单的监控任务逻辑，分担传输压力并减少 RK3399 中断，使主系统能够有充足资源处理复杂的监控管理任务。

Xinlinx Spartan-6 系列 XC6SLX45T 支持最大时钟频率 667MHz，拥有 2GBRAM 和 3411 个可编程逻辑功能块（Configurable Logic Block，CLB）。XC6SLX45T 同时具有广泛的第三方 SPI 支持和千兆以太网的高速接口，并且尺寸仅为 23mm × 23mm。充足的逻辑资源、广泛的接口支持和小巧的尺寸以及较低的功耗使其非常适合作为本监控管理系统的接口和功能扩展。

4. 以太网模块芯片选型

从硬件角度，以太网由 CPU、MAC、PHY 三部分组成，并由 DMA 控制网络数据包直接读写内存。

通常的网络交换都需要经过 PHY 层生成模拟信号，进而在铜缆或光缆中可靠传输，并在交换机或路由器中解调解码到 MAC 层或网络层后再进行数据交换或路由。也就是说，工作在数据链路层的交换芯片只负责对介质无关界面（Medium-Independent Interface，MII）上的信号进行处理和收发。

鉴于与光信号接入平台中 FPGA 进行高速数据交换，主要依靠 FPGA 中与 SGMII 物理兼容的 SerDes 接口，为了避免大量不必要的模拟器件占用板卡面积，增加硬件设计负担，监控管理系统将利用交换芯片，绕开物理层的繁杂处理，直接通过介质无关界面接收 FPGA 和 CPU 的介质无关信号。这样的设计削减了冗余的元件，减少了串扰从而降低了硬件设计难度和风险，同时避免数模之间频繁转换而带来的传输时延。

本监控管理系统中的交换芯片需要承担光信号接入平台上三块 FPGA、前面板网络信号、两个 ATCA 背板通道和监控管理系统中前面板网络信号和 RK3399 之间的网络数据交换。因此，决定网络交换芯片选型的最主要因素就是其支持接口的类型和各自的数量。其中，三块 FPGA 通过 SerDes 接口输出 SGMII 信号，RK3399 输出 RGMII 信号。接入平台中已经将 ATCA 背板和前面板三个通道 1000BASE-T 信号通过 BCM5464 转换为三路 SGMII 信号。因此，所选网络芯片至少应具有总共 8 个通道，其中至少 6 路 SGMII 接口，1 路 RGMII 接口。监控管理系统前面板网络信号需要通过额外的 PHY 芯片进行转换，协议可以根据交换芯片的多余的接口灵活选择。

博通（Broadcom）公司设计开发的 BCM5389 芯片集成了 8 端口 10/100/1000 Mbps 交换控制器，可用于 1.25Gbps SerDes/SGMII/ 光纤传输。BCM5389 同时集成了 1000/100/10Mbps 带内控制端口（Inband Management Port, IMP）和一个可与 CPU 或管理控制器直连的 GMII/RGMII/RMII 界面而无需经过 PHY 层的转换。很显然，BCM5389 很完美地满足了监控管理系统中以太网交换的端口需求，甚至留出了一个冗余的千兆交换控制器作为 SGMII 端口的备份。

除此之外，BCM5389 具备了低功耗特性，最高功率仅有 1W 左右。集成了 VLAN、QoS 等功能服务，为芯片间大量数据交换的可靠性提供了标准化的保障方式。

当交换芯片选择了博通 BCM5389 后，留给监控管理系统前面板仅有 SGMII 界面。因此，PHY 芯片需要 MII 界面支持 SGMII。德州仪器（Texas Instruments, TI）公司设计的 DP83867E 是一款稳健耐用型低功耗全功能物理层收发器，它集成了 PMD 子层以支持 10BASE-Te、100BASE-TX 和 1000BASE-T 以太网协议。此器件通过 RGMII 或嵌入式时钟 SGMII 直接与 MAC 层相连，满足上述接口要求。

与此同时，DP83867E 提供精确时钟同步，具有低延迟、低功耗设计，满功率仅有 457mW。此外，其提供的可编程 MAC 端接电阻，局域网唤醒（WoL）数据包检测等特性将进一步帮助硬件设计和功耗设计。

（三）智能监控管理系统电源设计

1. RK3399 电源设计

RK3399 供电顺序理论上遵循同一模块，低压先上，高压后上，相同电压一起上电的原则，不同模块间没有严格时序要求。

为了进一步降低功耗，对 RK3399 采用真待机方案，将系统分为常供电区和待机掉电区，两部分独立供电，待机掉电区电源通过 PMIC SLEEP H、GPU SLEEP、CPU SLEEP 信号控制电源管理芯片 RK808-D、各独立电源通断。PMIC SLEEP H 通过控制 MOS 电路，在待机状态下拉高电平从而切断 VCC 1V8 S3 和后续电源网络的供电。

2. 以太网芯片电源设计

子卡以太网部分上需要集成以太网交换芯片 BCM5389、前面板以太网物理接口 RJ45 以及 PHY 芯片 DP83867E。其中，BCM5389 和 DP83867E 是主要的有源元件，以下首先考虑两个芯片的供电设计。其中，BCM5389 的 OVDD 管脚供电 IMP 端口，RGMII 为 2.5V，GMII/RvMII 为 3.3V。因为 IMP 端口需要使用 RGMII 协议与 RK3399 GMAC 界面直接相连，所以 OVDD 选择使用 2.5V 进行供电。

此外，BCM5389 的 OVDD2 供电 IMP 端口以外的数字 I/O 端口，为 2.5V，也就是说 SGMII 的电平为 2.5V。为了和交换芯片匹配，PHY 芯片 DP83867E 的 SGMII 电平也应为 2.5V，故使用 2.5V 供电 DP83867E 的 VDDIO。同时，DP83867E 有三电平供电模式和双电平供电模式。三电平供电模式，除了需要双电平模式 2.5V 和 1.2V 供电，还需要额外提供 1.8V 电平供电。三电平模式对电平上电顺序有要求而双电平模式没有，且 1.8V 供电仅在省电模式下才需要使用，但在本子卡的应用业务场景为 ATCA 内刀片的网络管理，由机箱直接持续供电，对于续航省电没有特别的要求。因此，为了增加设计可靠性和降低电路复杂性，选择 2.5V 和 1.2V 双电平供电模式。不用的 1.8V 供电管脚根据要求，浮地即可。

第三节　信号生存期在频谱精细化管理中的应用

在计算机领域，生存期是指对象的存在时间。例如，从对象分配到内存开始，到垃圾回收器从内存中删除对象结束这段时间，即对象的存在时间。在医学领域，生存期是指患者在患某种疾病后的预计生存时间。从计算机和医学领域对生存期概念的描述来看，生存期是时间的含义，这个时间可以是已经存在的时间，也可以是将来可能存在的时间。在无线电监测领域，本文提出了信号生存期的概念，并取得了专利授权。无线电信号在什么时间段已经出现和将来有可能在什么时间段出现，这对追溯无线电信号发射的历史和预测无线电信号发射时间规律具有非常重要的意义。尤其是借助数据挖掘分析手段，可以从信号的历史发射时间规律中提取和挖掘出更加有价值的信息。信号生存期可以更直接和详细地反映频谱的使用效率和占用规律，因此，有必要对信号生存期开展深度研究，实现"频谱管理精细高效"。

一、信号生存期概念

为加强无线电频谱的事中事后管理，需要对频率使用情况进行科学评估。其中，频率占用度是一个很重要的评估参数。结合频谱划分中同频段多业务的情况，现实中存在同频多业务共用的情况，不同业务的无线电信号一般存在一定的区别。因此，本文将评价参数在频率占用度的基础上进一步细化，以无线电信号为对象，统计分析信号的占用情况，给出更详细的频谱使用结果。参考计算机领域和医学领域生存期的概念，本文提出了信号生存期的定义：无线电信号的存在和预计存在的时间。信号生存期是在传统频谱监测和信号分析的基础上，可以更细粒度展示频谱使用情况，还能预测信号或频谱未来的使用情况，可服务于电波秩序监测、台站技术监管和频谱规划。

每个信号从理论上讲都具有一定的生存期，根据长时间的信号生存期的数据可以估算出信号周期。信号周期分为短周期和长周期，短周期的含义是在短时间内信号出现重复的时间 t，长周期是指在长时间内信号出现重复的时间 T，每个信号每次发射的时间称为生存时长 t1 和 t2。例如，某信号在每天的 9:00~10:00 和 12:00~13:00 两个时间段发射，9:00 与 12:00 间隔 3 小时，短周期为 3 小时，生存时长为 1 小时和 1.5 小时。含义是信号 1 天内间隔 3 小时后再次发射，发射的时长为 1 小时和 1.5 小时。如果第 2 天仍然是 9:00 和 12:00 发射，那么长周期为 24 小时。含义是该信号以天为单位的再次发射间隔为 24 小时，1 天内每次发射时间为 1 小时，生存时长为 1 小时。这些时间参数的统计对掌握信号发射时间规律具有重要的意义，具体应用时，短周期就是 1 天内信号的发射规律，长周期是 1 天以上的时间段内信号的发射情况。可让监测技术人员清晰掌握每个信号短期和长期的发射规律，做到对信号发射情况了解的精细化，为进一步提高用户频谱使用效率提供数据支撑。

二、信号生存期的提取方法

信号生存期以更细粒度描述了无线电信号历史发射规律和未来发射规律。因此，从大量的历史监测数据中发现信号、区分信号、分析信号历史发射规律，并预测信号未来发射情况是信号生存期提取的主要内容。在这里设计出提取信号生存期的步骤，主要分为监测数据采集、信号搜索发现、信号区分、信号历史发射规律分析和信号未来发射时间预测五个步骤，以及记录信号生存期相关的数据库。

监测数据采集：原始频谱监测数据是无线电接收机通过天馈线直接接收空中电波信号形成的数据，是电磁环境最真实和最直接的反映。从原始频谱监测数据中也能提取出描述信号生存期所需要提取的信号频率、带宽、历史发射时间等参数。可以利用频谱仪或接收机进行全频段扫描，以采集原始频谱监测数据。

信号搜索发现：信号生存期的研究对象是信号，要从原始频谱监测数据中搜索发现信号。全频段（HF/VHF/UHF）内背景噪声起伏较大，不适宜用绝对电平门限的方法提取信号，因此在这里采用基于背景噪声的动态门限提取信号的方法。

信号区分：信号生存期不同于频率占用度统计和频率发射规律统计，需要对同频信号异同进行判别，在这里通过信号的频率冗余度、带宽冗余度、信号调制方式、信号来波方向冗余度等参数区分信号。在连续的扫描中，搜索提取到的信号与历史信号的频率、带宽和来波方向差都在冗余度范围内。信号调制方式相同，则认定为同一信号，否则认定为新信号。

信号历史发射规律分析：信号历史发射规律是信号生存期中对信号历史存在状态的描述，不同的无线电业务无线电信号发射规律存在较大的差别。因此，针对不同的无线电业务中信号历史发射规律要采用不同的时间颗粒度参数进行分析。比如，广播等常发信号，可采用小时、半小时等大时间颗粒度统计分析，而对于间发、突发信号则需要更小时间颗粒度进行统计分析。

信号未来发射时间预测：信号生存期不仅仅描述了信号的历史发射规律，最重要的是，根据历史发射规律来预测信号未来的发射时间，这在干扰查找、频谱使用趋势等方面有着重要的意义。在这里将信号频率、带宽、历史的发射规律（含信号不同时间的发射开始时间和持续时间）作为特征数据，采用经典的随机森林算法预测信号未来开始发射的时间和持续时间。

信号生存期数据库：数据库中以信号为基本单元，记录了信号的参数（频率、带宽、电平、调制方式、来波方向、出现时间）、信号的历史发射规律和预测到的未来发射时间等数据。信号生存期数据库中的数据会随着监测数据持续采集和分析而动态变化。

三、信号生存期的衍生概念及应用

(一) 信号占用度

信号生存期包含在统计时间段内信号出现的时间，那么可以衍生出信号在统计时间段内出现的百分比，用来表征信号在统计时间段内占用的情况，计算方法为：

信号占用度 = 累计信号出现的时间 / 信号统计时间 × 100%

信号占用度与频率占用度类似，都是时间上的占用度统计，但又区别于频率占用度。频率占用度是对某一频率上的时间占用信息，但是未对该频率上的不同信号加以区分，因此无法对相同频率的不同信号的占用情况进行分析。信号占用度是指对相同频率的信号加以区分，分别统计占用度，这样可以清晰地了解每个信号的占用情况，对信号的发射用户进行频谱精细管理。《中华人民共和国无线电管理条例》(以下简称《条例》) 第二十六条中规定，"除因不可抗力外，取得无线电频率使用许可后超过 2 年不使用或者使用率不到许可规定要求的，作出许可决定的无线电管理机构有权撤销无线电频率使用许可，收回无线电频率"。信号占用度统计数据可以作为用户使用率的重要判断指标，对《条例》的执行起到了较好的数据支撑作用。无线电管理机构已经开展了全国范围内的频率评估工作，进行了大量的监测数据采集和分析。利用信号占用度统计指标，将更加丰富和完善频率评估的指标体系。

信号生存期除了可以通过历史数据进行信号占用度统计外，还可以预测未来信号占用度情况，在自主开发的监测系统中实现了信号占用度预测分析。在实际监测中可以在相应的时间段进行控守监测，做到信号监测的有的放矢，提高频谱监测效率。

(二) 信号生存状态

对不同业务频段，可设置多个信号占用度统计门限。每种占用度区间用一种状态 (活跃、懒惰、苏醒、休眠、死亡) 来表示，我们称之为信号生存状态。例如，广播业务频段的设定参数为: (信号占用度 >50%) 活跃、(20% ≤ 信号占用度 <50%) 懒惰、(10% ≤ 信号占用度 <20%) 苏醒、(0< 信号占用度 <10%) 休眠、(信号占用度 =0) 死亡。在自主开发的频谱监测自动分析系统中，选择查询信号占用状态类别为"休眠"。

利用信号生存状态除了可以方便掌握频段内信号发射活跃程度以外，还可以通过信号状态的变化了解信号发射情况的变更。例如，某个信号在统计时间段 1 内生存状态为"活跃"，而在统计时间段 2 内为"懒惰"，说明信号从频繁发射进入偶尔发射的状态。这种信号状态的跃迁，在实际监测中可以进行自动化报警，进而主动分析信号发射产生变化的原因，让频谱监测由被动变主动。

以上由信号生存期衍生出的概念，信号占用度类似于百分制，信号生存状态类似于优、良、中、差，可更加直观地描述频谱使用情况，符合无线电频谱可视化管理的发展要求。信号状态的跃迁变化自动报警，增强了频谱监测的主动性，满足频谱自动化监测要求。

第四节　信号设备智能故障诊断和健康管理系统

一、铁路信号设备组成和各系统设备与集中监测通信内容

铁路信号设备主要由轨道电路、道岔、信号机、调度集中系统 CTC、计算机联锁 CBI、列控中心 TCC、电源屏、无线闭塞中心 RBC、临时限速服务器 TSRS、信号安全数据网、信号集中监测、道岔缺口监测等组成。铁路信号集中监测（以下简称集中监测）实时监测信号设备的主要电气特性和应用状态，当电气特性超限或信号设备不能正常工作时，应及时预警或报警。集中监测的智能分析是一个开放性平台，具有自动报警和用户自定义报警设置功能。

集中监测能够对车站信号设备的电气特性模拟量参数、开关量参数（按钮状态、关键继电器、区间轨道及信号机状态）进行实时监测、记录，并存储数据；通过查看、分析各信号设备曲线，可及时发现设备的电气特性变化，查找、处理设备隐患，提高信号设备质量；信号设备发生故障时，可记录故障信息，并结合历史数据进行综合故障分析，指导故障处理，实现历史故障综合管理与分析；对 25Hz 轨道电压和相位角、ZPW2000 轨道电路发送电压和接收电压、智能电源屏电压、信号机灯丝电流、站联电压、半自动闭塞电压等曲线进行分析，发现异常及时处理，可确保设备工作良好；对道岔表示电压、动作电流与功率曲线存在的问题进行分析，保证道岔转辙设备应用质量符合标准；对电缆设备绝缘进行测试，及时整治、更换电气特性不达标的电缆；利用电源接地功能对电源系统进行人工测试，对绝缘不良的电源及时进行整治。目前，与集中监测接口的系统有调度集中系统 CTC、计算机联锁 CBI、列控中心 TCC、电源屏监测单元、ZPW2000 维护终端、智能灯丝报警、ZPW2000 轨道诊断主机、道岔缺口监测等信号电子系统设备。

各系统设备与集中监测通信内容如下：

（1）调度集中系统：站场表示开关量信息、CTC 自身设备性能信息、报警信息等。

（2）计算机联锁系统：站场显示信息、按钮状态信息、计算机联锁各设备状态信息、各种报警和预警信息等。

（3）列控中心：TCC 硬件平台状态数据、TCC 与联锁接口进路信息、区间方向信息、TCC 站间边界信息、发送给联锁的无配线站区间方向口信息、TCC 临时限速状态、轨道区段编码信息、TCC 设备维护报警、区间状态信息等。

（4）电源屏监测单元：系统输入模拟量、系统输出模拟量、系统状态信息、系统报警信息、电源屏输入电压突变曲线、UPS 模拟量、UPS 报警信息、电池模拟量、电池报警等。

（5）ZPW2000 维护终端：客专通信盘状态、区段设备状态信息、区段占用状态信息、区段模拟量信息、客专通信编码 ZPW2000 区段接收 TCC 编码控制命令、采集分机状态、报警信息等。

（6）智能灯丝报警：具体到灯位的灯丝报警信息。道岔缺口监测包括道岔缺口最新值与图像、缺口报警、预警及图像／视频信息，道岔操纵时、过车时视频时间列表及视频信息，油压曲线和油位信息，采集设备状态信息等。

（7）ZPW2000 轨道诊断主机：诊断主机报警信息。

二、无线闭塞中心 RBC、临时限速服务器 TSRS、信号安全数据网、动环监测介绍

无线闭塞中心 RBC 根据 CBI、TSRS、相邻 RBC、CTC、车载等设备提供的信息，生成列车行车许可等控制信息，通过无线通信的方式实现车地信息双向交互，控制列车安全运行。临时限速服务器 TSRS 具备对全线临时限速命令的设置、取消等功能。信号安全数据网是保证车站、中继站、线路所间（TCC、CBI）和中心（RBC、TSRS）间安全信息的可靠传输。动环监测是用于监测信号机房温湿度、空调工作状态等，提升机房运维管理效率。

三、集中监测应实现与 BC、TSRS、信号安全数据网、动环监测等接口，实时传输报警信息

RBC 与集中监测通信内容：RBC 设备工作信息、RBC 外部接口状态、列车信息、临时限速信息、RBC 收到联锁发送给 RBC 的信息、RBC 设备报警信息等。TSRS 与集中监测通信内容：TSRS 设备工作信息、TSRS 报警信息、

临时限速状态、重要记录信息等。

信号安全数据网与集中监测通信内容：实时动态监控网络和设备的运行状态。动环监测与集中监测通信内容：信号机房环境温度和湿度、空调运行状态、烟雾、水浸、门禁及玻璃破碎或者碎裂开关量。

四、ZPW-2000A 轨道电路智能诊断系统和 LBE300 蓄电池组健康管理与智能维护系统

(一) ZPW-2000A 轨道电路智能诊断系统

该系统是基于轨道电路理论分析、系统仿真和多年应用经验总结开发的系统，其核心是故障诊断算法。智能诊断系统通过对室内和室外11个监测点上采集的电压、电流的分析和处理，当判断轨道电路出现电压、电流异常波动或出现红光带时，进行故障诊断，确定故障点（约60%的故障能够准确指向单点位置，无须二次查找），并向控显设备输出故障诊断结果和处理建议。

（1）实时在线故障诊断功能：ZPW-2000A 轨道电路智能诊断系统具备实时故障预警和故障报警功能。当轨道电路区段没车占用而出现电压、电流异常波动时，可自动分析、判断引起电压、电流异常的区域，并进行故障预警；当轨道电路区段出现异常红光带时，可自动分析、确定引起红光带的故障区域，进行故障报警。

（2）历史数据故障诊断回放功能，通过查看历史数据曲线，手动选择查看任意时间的数据，并进行故障分析和定位，给出故障预警或报警信息。

（3）数据和报警信息回放功能，通过导入历史数据，对该时段的故障报警信息和内容进行再现和回放调阅。

（4）故障诊断和定位功能，ZPW-2000A 轨道电路智能诊断系统在现场数据采集点不同组合配置：室外监测设备、室内模拟网络电缆侧电流、室内模拟网络设备侧电压不配置的条件下，均可实现故障诊断功能。故障诊断系统可实现11段的故障预警和故障报警功能，11段区域包括：室内发送端方向切换电路区域，发送端模拟网络，室外发送端电缆通道，室外发送端调谐区、调谐匹配单元，发送端调谐匹配单元钢轨引接线，主轨线路，接收端调谐匹配单元钢轨引接线，室外接收端调谐区、调谐匹配单元，室外接收端通

道，接收端模拟网络，室内接收端方向切换电路区域。

（二）LBE300蓄电池组健康管理与智能维护系统

该系统能够快速检测出失效蓄电池，对蓄电池性能变化趋势进行预测，对失效的蓄电池进行修复和均衡，预防过充、欠充等现象，提高蓄电池使用寿命。此外，均衡装置通过以太网或RS485通信接口，可将采集到的数据上传至信号集中监测系统，由信号集中监测系统进行数据储存显示，实现了正确预测蓄电池组性能的智能化、网络化管理。

（1）在线监测功能，系统通过均衡装置实现对单体电池电压、内阻、健康度，电池组电压、电流、剩余容量、健康度、不均衡度、均衡活化状态、环境温度等各项数据的采集，显示超标报警、存储及后台通信数据。同时，还可实现在线自动监测每节电池电压、内阻、健康度等内容，实时监测电池组各项参数。

（2）在线均衡功能，采用自主专利的电量无损转移技术，将高电压电池电量转移到任何一节低电压电池，从而实现电池电压均衡。

（3）在线活化功能，在线活化单节电池，确保蓄电池处于良好状态，能延长2倍以上蓄电池组的运行寿命。

（4）告警功能，对电池内阻、电压、温度、健康度等超限进行实时告警，报警阈值可自由设定，可自动存储报警信息及单体、整组电池内阻、电压、充放电电流、健康度、电动势、环境温度等数据。

（5）自检功能，能够自诊断蓄电池检测系统故障，提示故障报警信号。

五、电务各车间建立调度指挥分中心

电务各车间建立调度指挥分中心，对RBC维护终端、TSRS维护终端、安全数据网维护终端、电务维修机、CTC维护终端、列控维护终端、ZPW2000轨道电路维护终端、线路视频、DMS（列控系统动态监测系统）、道岔缺口监测等予以集中管理，全线管辖所有车站、线路所、中继站，建立信号集中监测维护终端，信号集中监测维护终端、DMS、动环监测应具备语音报警功能，RBC维护终端、TSRS维护终端、安全数据网维护终端应逐步实现语音报警功能，能实时语音提示各站报警信息。

车间调度指挥分中心值班人员24h全程盯控信号集中监测维护终端报警信息，及时查看、分析、记录弹出的一、二、三级报警信息及其他维护终端报警信息，查看各站微机监测曲线，对管内设备电气特性进行全面分析，掌握设备的运行质量，发现报警及时查看，判断故障范围并通知各站查找原因、处理，核实车间管辖各工区发现的异常信息，对报警和异常信息进行跟踪，发现问题纳入"车间问题库"实现闭环管理，组织处理各站误报警，减少误报警。

天窗结束前1h，利用信号集中监测维护终端查看一次管内道岔、轨道电路、信号机等设备状态，分析一次弹出的报警信息，发现问题及时通知现场工区。

管内设备发生故障后，及时通知现场工区，并向车间汇报，查看监测设备曲线，维护终端报警信息，判断室内外具体的故障范围，指导现场处理，故障恢复后确认设备状态，盯控设备。

第五节　信号系统健康管理主动维保技术的研究及应用

目前，某城市轨道交通已进入超大规模网络化运营时期，其设施设备必须保持高度安全、持续可靠、运维成本可控，以支撑线网长期化、常态化、高强度的运营。信号系统是城市轨道交通的"大脑"与"神经中枢"，集行车指挥和列车运行控制为一体，是保证列车运行安全、运营效率及服务质量的关键系统。信号系统一旦发生故障，将会影响行车安全和正常运营秩序，甚至导致极其严重的后果。目前，全自动运行模式是城市轨道交通的发展趋势，其在没有司机和站务员的情况下，依靠信号系统控制命令实现列车的自动休眠/唤醒、自动出入库、自动运行、自动开关门及自动恢复故障等功能。与传统模式相比，全自动运行模式下的城市轨道交通系统设备和接口更多，对信号系统的安全、稳定运行提出了更高的要求，对设备的运维工作也提出更多的需求。目前，某城市轨道交通运营设备的运维模式仍处于故障修、计划修阶段。被动式的维护管理手段已无法支撑起该城市超大规模网络化运营的需求。为了有效地实现信号系统的主动维保，应基于智能运维技术建立设备全寿命周期维护的平台化体系，并对当前的设备维护技术和管理手段进行改革。

一、信号系统主动维保的关键技术研究及应用

(一) 维保模式新理念

信号系统现有的设备管理体系为事后型和计划型，主要体现：故障发生后，抢修人员接到故障报警，全力赶赴现场，但无法第一时间收到故障实时数据，故障处置更多依赖于个人技术经验；日常维护依赖于周期性日检、周检、季检、年检等计划性安排。既有维护模式没有基础性数据的支撑，导致风险预防难度大、人力成本高、设备保障率低。面对城市轨道交通复杂线网的运营背景，信号专业关键设施设备在全寿命周期内从维持高安全性、高可靠性和高可用度等角度出发，应突破技术瓶颈，运用多源可信融合感知、多引擎融合诊断预警等自主核心技术，构建信号专业关键设施设备全寿命周期健康管理技术体系，以技术创新带动应用创新，进而实现管理创新，提升我国城市轨道交通设备运维领域的能力。

(二) 关键技术创新

以物联网、大数据、人工智能为核心特征的数字化浪潮正席卷全球，城市轨道交通运营设备主动维保的模式改革需要新科技的支撑。通过设备和设备的联网，可实现环境和状态信息的实时共享，以及智能化的收集、传递、处理等操作，替代人工巡检；通过海量、快速、多样的数据收集，应用人工智能技术，精细化计算、诊断设备状态的健康度，并制定相应的维修决策。基于平台化体系的关键技术创新通过评估、发现、治理、管控四个环节，实现信号系统全寿命周期健康管理的主动维保目标。

1.列控健康管理理论

以状态修为代表的全寿命周期健康管理是目前城市轨道交通运维模式的发展趋势，但由于受一定条件限制，状态修在我国仍不算是一种成熟的维修方式。为了真正实现状态修，迫切需要建立完备的设备维修理论体系，以支撑技术研发和管理创新。

为奠定关键理论基础，本文建立了列控健康管理理论。该理论包括异构数据协同方法、故障诊断建模语言、健康指数计算模型，其中，异构数据协同方法可解决列控传输网域分散、采样方式及接入协议多样、数据表述格式各异等问题，实现基于同一标准（包括传输底层、协议、格式、存取方式等方面的标准）的列控运维底层平台，并大幅提升数据的处理效率；故障诊断建模语言用以描述信号系统的拓扑结构和逻辑推理，构建可复用扩展的诊断知识模型，解决列控系统机器建模难题，实现可视化快速、自主建模；健康指数计算模型将列控设备状态数值量化，依托数据驱动智能维修决策，形成面向感知、诊断、预警、决策和协同全流程的健康管理理论。

2. 信号系统多源安全感知技术

城市轨道交通智能化运维架构的最底层是感知技术，这是获取信息和实现设备控制的首要环节。随着信息技术的多元化发展，感知对象日益增多，主要包括电气特性、机械特性、视频、音频、信息流、网络包等。城市轨道交通运营过程中瞬间故障频发，对感知频率更是提出毫秒级的高要求。基于可靠性、安全性的原则，感知设备与感知对象须具备更安全的隔离措施。随着故障场景的增多，感知场景也需具备智能化切换功能。

为了提升感知技术，本文提出了通过信号设备非侵入式的声、光、电、信息流等感知方法，保障感知的安全性，并研发了可自动识别关键场景及可自动更换采样模式的综合智能感知设备。此外，通过研发能量受控注入采样、信号匹配滤波、联锁状态参数追踪等技术，建立了转辙机工况检测等多种物联网设备平台。该平台可提供多维度、全周期、高精准的状态信息，关键设备感知覆盖率达到100%，实现毫秒级同步，使列控系统安全性持续优于危险概率水平（10^{-9} 次 /h）。

3. 信号系统多引擎融合诊断预警技术

信号系统的信息传输速率在毫秒级别，正常值和故障值差距微小，导致出现大量的误报警。为了提高预警精确度，研发了信号系统的多引擎融合诊断预警技术，主要包括：

（1）研发了滑动窗波形分析技术，该技术针对信号设备毫秒级连续量感知数据，可连续识别不同粒度的突变、抖动及趋势变化，进而提高采样分析的效率和准确率。

（2）基于弗雷歇距离算法研发了列控设备波谱特征分析技术，实现了异常特征提取，解决了故障类型自动分类等问题。

（3）采用 ELU 函数、标定因子输入、over-Sam-pling 采样方法等技术，研发了适用于信号系统特征的神经网络自学习算法，解决了模型收敛慢、泛化能力差、样本不平衡等问题，分析模型具有自主进化能力。

通过现场抽查及各方反馈，信号系统的多引擎融合诊断预警平台运用至今，设备的告警漏报率为 0，故障诊断准确率达 99.1%。

4. 信号全寿命周期健康管理系统

在信号系统大数据技术的驱动下，信号全寿命周期健康管理系统可实现主动化运维决策、智能化终端执行、可视化维修指导、敏捷化应急联动、集成化资产管理、智能化机器巡检六大功能。通过对设备全寿命周期质量的监控和评估，建议设备的检修周期，预测设备的更换年限；所有维护和应急流程由智能运维平台实时跟踪，并由平台终端分步执行；维护流程可由监测系统调取，指导维修工现场操作；应急突发故障可自动联动相关领导及部门，协助指挥故障处置；新线及大修改造项目进度可匹配资金请款计划，实施集成管理；通过视频影像实时监测设备和环境状态。

据统计，使用信号全寿命周期健康管理系统后，实现了设备可靠度和维保工作的提质增效，人工巡检从每线每天 300 人次降至每线每天 20 人次，备品率从 10% 降至 2%，运维成本下降幅度超过 30%。

（三）信号系统主动维保的应用效果分析

1. 模式全面升级，提升管理水平

基于智能运维的要求，某地铁维护保障有限公司通号分公司对信号设备系统管理模式进行全面升级，系统性地实现了信号系统设备状态修，有效解决了如线网安全信息孤立分散、缺乏基于系统安全态势分析的预警及隐患识别能力等问题。经统计，管理模式全面升级后，信号系统关键设备的感知覆盖率接近 100%，系统诊断和预警准确性超过 95%，列车晚点率下降了 30%，部分设备的平均无故障时长提升 3 倍，平均故障接报时间缩短了 80%，维修响应时间缩短了 30%，故障平均修复时间从 30min 降至 10min。

2. 降低运维成本，提升经济效益

通过应用智能化预警信息技术，合理统筹全线网的信号设备检修计划，减少了盲目检修工作量；应用信号系统实时状态信息技术，取代了大量的人工巡检工作；根据维修建议，准确更换相关备品耗材。通过信号全寿命周期健康度管理和生产组织架构优化，运维成本显著下降，信号设备平均维护周期从 5d 增加至 15d，节省了 65.5% 的工时，节省人工成本约 8.9%，运维成本降低了 13.0%。

3. 保障服务可靠，实现社会效益

某城市轨道交通线网规模居世界第一，某城市轨道交通信号系统智能运维平台帮助设备在全寿命周期内保持高可用度，保障城市每天千万级以上乘次的安全出行，破解了国内外超大城市轨道交通线网普遍面临的高安全性、高运营强度、高可用度等可持续发展难题。信号全寿命周期健康管理系统的产品和标准可推广到高铁及国内外其他城市的轨道交通线路中，还可应用于电力、电信等行业，为"一带一路"提供技术支撑。未来，信号全寿命周期健康管理系统还可推动构建长三角区域"地铁轻轨＋有轨电车＋市域铁路＋高铁" 4 个层级的轨道交通关键设施设备健康管理平台，实现设备远程运维的互联与协同管理。

二、信号系统维修模式向主动维保转型

为了使信号系统向主动维保转型，结合城市轨道交通信号运维的实际需求，从提升业务应用场景、改革业务流程、优化运维管理等方面入手，确定了 3 大类别、11 个核心场景需求。其中，在流程优化上，业务流程采用在线监测闭环、维保业务闭环两种流程闭环模式，分别用于对信号系统设备状态的确认和平台运维业务的确认；在制度创新上，进一步优化管理模式，建立新型的生产组织架构，打造扁平化的生产组织模式，以"后台＋中台＋前台"的概念构建联动式的生产管控体系，依托全寿命周期健康管理平台建立"计划修＋状态修＋故障修"的检修制度。

通过上述转型，以期在生产上实现从线路级运维到线网一体化运维升级，从人工巡检到自动化巡检升级，在流程上实现从分散管理到集中化管理升级，在制度上实现计划维修到智能维修升级等目标。

第四章　机电一体化机械设计技术

第一节　机械设计概述

一、机电一体化机械系统设计理论概述

(一) 机电一体化机械系统的概念

机电一体化机械系统是由计算机信息网络协调与控制的，用于完成包括机械力、运动和能量流等动力学任务的机械及机电部件相互联系的系统。其核心是由计算机控制的，包括机械、电力、电子、液压、光学等技术的伺服系统。它的主要功能是完成一系列机械运动，每一个机械运动可单独由控制电动机、传动机构和执行机构组成的子系统来完成，而这些子系统要由计算机协调和控制，以完成其系统功能要求。机电一体化机械系统的设计要从系统的角度进行合理化和最优化设计。

(二) 机电一体化对机械系统的基本要求

机电一体化系统的机械系统与一般的机械系统相比，除要求较高的制造精度外，还应具有良好的动态响应特性，即快速响应和良好的稳定性。

1. 高精度

精度直接影响着产品的质量，尤其是机电一体化产品，其技术性能、工艺水平和功能比普通的机械产品都有很大的提高，因此机电一体化机械系统的高精度是其首要的要求。如果机械系统的精度不能满足要求，则无论机电一体化产品其他系统工作再精确，也无法完成其预定的机械操作。

2. 快速响应

机电一体化系统的快速响应即是要求机械系统从接到指令到开始执行指令指定的任务之间的时间间隔短。这样系统才能精确地完成预定的任务要

求，且控制系统也才能及时根据机械系统的运行情况得到信息、下达指令，使其准确地完成任务。

3. 良好的稳定性

为确保机械系统的上述特性，在设计中通常提出无间隙、低摩擦、低惯量、高刚度、高谐振频率和适当的阻尼比等要求。此外，机械系统还要求具有体积小、重量轻、高可靠性和寿命长等特点。

(三) 机电一体化机械系统的组成

概括地讲，机电一体化机械系统应主要包括如下三大部分机构。

1. 传动机构

机电一体化机械系统中的传动机构不仅仅是转速和转矩的变换器，而且已成为伺服系统的一部分，它要根据伺服控制的要求进行选择设计，以满足整个机械系统良好的伺服性能。因此，传动机构除了要满足传动精度的要求，还要满足小型、轻量、高速、低噪声和高可靠性的要求。

2. 导向机构

导向机构的作用是支撑和导向，为机械系统中各运动装置能安全、准确地完成其特定方向的运动提供保障，一般指导轨、轴承等。

3. 执行机构

执行机构是用以完成操作任务的直接装置。执行机构根据操作指令的要求在动力源的带动下，完成预定的操作。一般要求它具有较高的灵敏度、精确度，以及良好的重复性和可靠性。由于计算机的强大功能，使传统的作为动力源的电动机发展为具有动力、变速与执行等多重功能的伺服电动机，从而大大地简化了传动和执行机构。

除以上三部分外，机电一体化系统的机械部分通常还包括机座、支架、壳体等。

(四) 机电一体化机械系统的设计思想

机电一体化的机械系统设计主要包括两个环节：静态设计和动态设计。

1. 静态设计

静态设计是指依据系统的功能要求，通过研究制订出机械系统的初步设计方案。该方案只是一个初步的轮廓，包括系统主要零、部件的种类，各部件之间的连接方式，系统的控制方式，所需能源方式等。有了初步设计方案后，开始着手按技术要求设计系统的各组成部件的结构、运动关系及参数；零件的材料、结构、制造精度确定；执行元件（如电机）的参数、功率及过载能力的验算；相关元、部件的选择；系统的阻尼配置等。以上称为稳态设计。稳态设计保证了系统的静态特性要求。

2. 动态设计

动态设计是研究系统在频率域的特性，是借助静态设计的系统结构，通过建立系统组成各环节的数学模型，推导出系统整体的传递函数，利用自动控制理论的方法求得该系统的频率特性（幅频特性和相频特性）。系统的频率特性体现了系统对不同频率信号的反应，决定了系统的稳定性、最大工作频率和抗干扰能力。

3. 静态设计的优势

静态设计是在忽略了系统自身运动因素和干扰因素的影响状态下进行的产品设计，对于伺服精度和响应速度要求不高的机电一体化系统，静态设计就能够满足设计要求。对于精密和高速智能化机电一体化系统，环境干扰和系统自身的结构及运动因素对系统产生的影响会很大，因此必须通过调节各个环节的相关参数，改变系统的动态特性，以保证系统的功能要求。动态分析与设计过程往往会改变前期的部分设计方案，有时甚至会推翻整个方案，要求重新进行静态设计。

(五) 机电一体化机械系统性能分析

为了保证机电一体化系统具有良好的伺服特性，我们不仅要满足系统的静态特性，还必须利用自动控制理论的方法进行机电一体化系统的动态分析与设计。动态设计过程首先是针对静态设计的系统建立数学模型，然后用控制理论的方法分析系统的频率特性，找出并通过调节相关机械参数改变系统的伺服性能。

（1）数学模型的建立。机械系统的数学模型建立与电气系统数学模型建立基本相似，都是通过折算的办法将复杂的结构装置转换成等效的简单函数关系，数学表达式一般是线性微分方程（通常简化为二阶微分方程）。机械系统的数学模型分析的是输入（如电机转子运动）和输出（如工作台运动）之间的相对关系。等效折算过程是将复杂结构关系的机械系统的惯量、弹性模量和阻尼（或阻尼比）等机械性能参数归一处理，从而通过数学模型来反映各环节的机械参数对系统整体的影响。建立该系统的数学模型，首先是把机械系统中各基本物理量折算到传动链中的某个元件上，使复杂的多轴传动关系转化成单一轴运动，转化前后的系统总机械性能等效；然后在单一轴基础上根据输入量和输出量的关系建立它的输入/输出的数学表达式（数学模型）。根据该表达式进行的相关机械特性分析就反映了原系统的性能。在该系统的数学模型建立过程中，我们分别针对不同的物理量求出相应的折算等效值。

（2）机械性能参数对系统性能的影响。机电一体化的机械系统要求精度高、运动平稳、工作可靠，这不仅仅是静态设计（机械传动和结构）所能解决的问题，而且要通过对机械传动部分与伺服电动机的动态特性进行分析，调节相关机械性能参数，达到优化系统性能的目的。

机械传动系统的性能与系统本身的阻尼比、固有频率有关。固有频率、阻尼比又与机械系统的结构参数密切相关。因此，机械系统的结构参数对伺服系统性能有很大影响。一般的机械系统均可简化为二阶系统，系统中阻尼的影响可以由二阶系统单位阶跃响应曲线来说明。在系统设计时，应综合考虑其性能指标，一般取欠阻尼系统，既能保证振荡在一定的范围内，过渡过程较平稳、时间较短，又具有较高的灵敏度。

二、机电一体化机械系统的创新设计

从目前我国机械设计的现状来看，其主要还是从事常规设计，而国外的一些先进工业国家，则早已开始研究创新设计，并已从原来固有的设计模式中走出来，鼓励设计人员用新观点、新原理、新功能来设计出前所未有的产品。创新是人类文明进步、技术进步、经济发展的原动力，是国民经济发展的基础。因而，如何加强机械创新设计，挖掘创造性思维，就显得尤为重要。从历史角度来看，创新为建立近代科学体系奠定了知识基础；从现代角度来看，正是创新使人类的视野得到前所未有的发展。那么，到底该如何创新设计呢？

(一) 机械设计制造的创新思路

(1) 合理树立机械自动化理念。为了促进机械自动化设计制造的进一步创新，我们应当转变理念，不要仅仅考虑那些大规模的农户，同时还要考虑那些小规模的农户，毕竟中国大多数还是小规模的个体生产，而这些也是我们在推动机械自动化的过程中所要面临的对象，所以在机器的研究过程中开发和投入一些价格相对较低、多功能且是针对小规模的机械。在机械的改进上，要从土壤以及农作物出发，开发一些适合实际生产且价格相对较低的，不能停留在对原有机械的改装上。

(2) 正确选择机械自动化模式。在选择机械自动化模式方面，要根据当前的技术水平以及农业生产的现实条件，树立正确的理念，提高作业的精度以及作业的效率，在保证安全生产的前提下提高生产质量、节约能源。同时，要正确评价这些模式在推进机械自动化过程中的作用，根据这些作用的大小按先后顺序进行选择来推广机械自动化模式。

(3) 遵循机械设计创新的特征。由于机械设计制造是多门科学技术交叉、渗透、融合，而且部分工作为非数据性、非计算性的，必须在知识和经验积累的基础上思考、推理及判断，并运用创造性及发散思维的方法。此外，在创新机械设计制造方面，要在知识、经验、灵感与想象力的系统中搜索并优化设计方案。另外，机械创新设计是多次反复、多级筛选的过程，每一设计阶段都有其特定内容及方法，但各阶段之间又密切相关，形成一个整体的设计系统。

(二) 机械设计制造创新分析

随着社会科技的不断发展，以及人们日益增长的需求，如何进一步创新机械设计制造是当前急需解决的问题。下面就机械设计制造的创新过程及创新方法等方面展开分析。

(1) 机械设计制造创新过程。机械创新设计就是从所要求的机械功能出发，改进、完善现有机械或创造发明新机械实现预期的功能，并使其具有良好的工作性能及经济效益。我国技术专家提出的机械创新设计的一般过程可分为四个阶段：首先，根据设计任务及要求确定机械的基本原理；其次，机械结构类型综合及优选；再次，机构运动尺寸综合及其运动参数优选；最后，机械运动学参数综合及其动力参数优选。完成上述四个阶段，便形成了机械设计的优选方案，而后进入机械结构创新设计阶段。机械创新设计与常规机械设计相比，其过程没有多大差异，但它主要强调人在设计过程中的主导性及创造性作用。

（2）机械创新设计思维。机械设计制造创造性思维，是指突破原有的思维模式，重新组织已有的知识、经验、信息和素材等要素，在大脑思维反应场中超序激活后，提出新的方案或程序，并创出新的思维成果的思维方式。要创造，首先要有创造性思维，创造性思维是人类大脑的特有属性，创造性思维就是想到还没有人想到的理念与想法。可以说，创造性思维是新颖独到的信息加工艺术，是人脑的各种思维活动形式和思维活动的各个要素之间相互协同、有机结合的高级整体过程。创造性思维不同于在设计领域常用的逻辑思维，其有创造想象的参与；逻辑思维是一维的，具有单向性和单解性的特点，而创造性思维是一种立体思维，通常没有固定的延伸方向，它更加强调直观、联想、幻想和灵感，所以创新设计不是靠逻辑推理出来的，而是靠激发创造性思维产生的。

（3）机械设计制造创新方法。其实，要创新，必须学习知识和技能。进入信息时代以后，知识日新月异，信息空前庞大。一个人的知识通过大学学习只能满足其需要知识的 10%～20%，其余的必须通过不断地继续学习才能满足社会发展的需求。如果没有一定的数学、力学基础知识，我们就无法确定机械运动的空间轨迹，无法进行动平衡设计。在进行机械创新设计时，往往会用到以下方法，具体如下所述。

智力合成法：这是一种发挥集体智慧的方法，通过集体讨论的形式，发散和激励创新思维。讨论时应相互启发激励、取长补短，引起创新设想的连锁反应，使思维自由奔放，新的设想激烈涌现。讨论的目标要明确，事先有准备。其原则如下：鼓励自由思考，随心所欲，设想新异，不许批评别人的设想；推迟评价，不过早定论，有的放矢，不乏空谈；讨论者一律平等，不提倡少数服从多数；及时归纳、总结、记录各种设想，留作下次再议；最后挑选最合适、最有前途的见解，并审查其可行性。

仿生类比法：这种创新方法是通过对自然界生物机能的分析类比，从事物的千差万别、不同程度的对应和相似之处的类比中得到。随着科学技术的进步，技术产品更新的速度越来越快，技术市场将被更加新颖、功能更加齐全的技术产品所取代。实现技术进步一般通过获得新技术、新产品来实现，其途径概括起来有两条：技术引进和自主技术开发。技术引进可以使企业在短时间内获得先进技术，是企业发展的有效途径，但实施和完成技术引进却是一件非常不易的事。技术引进方完成技术引进有三个重要环节：技术引进、技术积蓄和技术普及。

技术引进环节较容易做到，但实现技术积蓄和技术普及则需付出极大的努力。我国在引进国外先进技术方面虽然取得不少成绩，但为数不少的技术引进仅仅做到了第一步，没能在引进的基础上消化、改进、发展和普及，经常发现有技术水平较高的进口设备被弃之不用，有的虽然在应用却没有发挥高水平设备的先进功能。技术转让方在技术转让时，非常担心技术转让会带来"飞去来器效应"，即技术引进者通过自己的开发，发展了引进技术，反过来向技术拥有者出口更新的技术和产品，并成为技术转让者的竞争对手。

三、机械设计制造自动化

(一) 机械制造自动化符合设计的原则

（1）满足对机器的功能要求。任何一种产品的开发都是为了满足人们某种需求，不同的产品具有不同的性能。任何机械设计都要能够对输入的物质、能量和信息进行处理，输出需要的物质、信息和能量。机械自动化系统也应该具有这种功能，能够对物质、信息和能量进行处理。机械自动化系统包括机电一体化产品和机电一体化技术的内容，作为产品，又包含着设计、制造和特定的功能以满足使用要求，而功能是由其内部有机联系的结构决定的。

（2）利用先进技术不断创新。根据产品或系统的功能不同，可对产品或系统进行分类。以物料搬运、加工为主，输入物质、能量和信息，经过加工处理，主要输出改变了位置和形态的物质系统称为加工机。以能量转换为主，输入能量和信息，输出不同能量的系统，称为动力机。其中输出机械能的为原动机。以信息处理为主，输入信息和能量，主要输出某种信息的为信息机。

机械自动化系统除了具备上述必需的主功能外，还应具备其他内部功能，即控制功能、动力功能、检测功能、构造功能。基于上述的功能构成原理，既有利于设计或分析各种机械自动化的产品，又有利于开拓思路，便于创造发明和创新。

（二）机械自动化系统的优点与效益

（1）生产能力和工作质量提高：机械自动化产品具有信息自动控制和自动处理的功能，其检测的精度和灵敏度有很大的提高，通过自动化控制系统能够保证机械按照计划完成动作，使制造过程不受操作者主观因素的影响，保证最佳的工作质量和较高的产品合格率。同时，由于机械自动化产品实现了工作自动化，所以生产力大大提高。

（2）使用安全性和可靠性提高：机械自动化系统都有报警、监视、诊断和保护等功能。如果在工作中遇到过流、过压、过载、短路等电力故障时，能够自动停止工作，保护机械设备的完好，避免或减少人身事故，提高了设备的安全性。机械自动化产品由于采用电子元器件，减少了机械产品中的可动构件和磨损部件，从而使其具有较高的灵敏度和可靠性，故障率降低，寿命得到了延长。

（3）调整和维修方便，使用性能改善：机械自动化产品在安装调试时，可通过改变控制程序来实现工作方式的改变，以适应不同用户对象的需要及现场参数变化的需要。这些控制程序可通过多种手段输入机械自动化产品的控制系统中，而不需要改变产品中的任何部件和零件。对于具有存储功能的机械自动化产品，可以事先存入若干套不同的执行程序，然后根据不同的工作对象，给定一个代码信号输入，即可按指定的预定程序进行自动工作。机械自动化产品的自动化检验和自动监视功能可对工作过程中出现的故障自动采取措施，使工作恢复正常。

（4）改善劳动条件，有利于自动化生产：机械自动化产品自动化程度高，是知识密集型和技术密集型产品，是将人们从繁重的体力劳动中解放出来的重要途径，可以加速工厂自动化、办公自动化、农业自动化、交通自动化甚至是家庭自动化，从而促进我国四个现代化的实现。

(三) 机械设计制造及其自动化的发展方向

（1）智能化。智能化是 21 世纪机械自动化技术发展的一个重要发展方向。这里所说的"智能化"是对机器行为的描述，是在控制理论的基础上，吸收人工智能、运筹学、计算机科学、模糊数学、心理学、生理学和混沌动力学等新思想、新方法，模拟人类智能，使它具有判断推理、逻辑思维、自主决策等能力，以求得更高的控制目标。诚然，使机械自动化产品具有低级智能或人的部分智能，则是完全可能而有必要的。

（2）模块化。模块化是一项重要而又艰巨的工程。由于机械自动化产品种类和生产厂家繁多，研制和开发具有标准机械接口、电气接口、动力接口、环境接口的机械自动化产品单元是一项十分复杂但又非常重要的事。如研制集减速、智能减速、电动机于一体的动力单元，具有视觉、图像处理、识别和测距等功能的控制单元及各种能完成典型操作的机械装置，可利用标准单元迅速开发出新的产品，同时也可扩大生产规模。

（3）网络化。网络技术的兴起和飞速发展给科学技术、工业生产、政治、军事、教育以及人们日常生活带来了巨大的变革。各种网络将全球经济、生产连成一体，企业间的竞争也趋于全球化。机械自动化的新产品一旦研制出来，只要其功能独到、质量可靠，很快就会畅销全球。由于网络化的普及，基于网络的各种远程控制和监测技术方兴未艾，而远程控制的终端设备本身就是机械自动化产品。现场总线和局域网技术使家用电器网络化已成大势。

（4）微型化。微型化指的是机械自动化向微观领域发展的趋势。国外将其称为微电子机械系统，或微机械自动化系统，泛指几何尺寸不超过 1cm 的机械自动化产品，并向微米、纳米级发展。微机械自动化产品体积小、耗能少、运动灵活，在生物医疗、军事、信息等方面具有不可比拟的优势。微机械自动化发展的瓶颈在于微机械技术，微机械自动化产品的加工采用精细加工技术，即超精密技术，它包括光刻技术和蚀刻技术两类。

现代机械自动化在设计和制造上具有多功能、高质量、高可靠性、低能耗的意义，所以机械的设计、制造都是围绕着机械自动化来进行的。机械自动化技术所面临的共性关键技术是传感检测技术、信息处理技术、伺服驱动技术、自动化控制技术、接口技术、精密机械技术及系统总体技术等。设计人员不能只热衷于技术引进，不能仅仅安心于作为新技术的传播者，而应该作为新技术产业化的创造者，为机电一体化技术发展开辟广阔的天地。

第二节　齿轮（系）传动

在复杂的现代机械中，为了满足各种不同的需要，常常采用一系列齿轮组成的传动系统。这种由一系列相互啮合的齿轮（蜗杆、蜗轮）组成的传动系统即齿轮系。下面主要讨论齿轮系的常见类型、不同类型齿轮系传动比的计算方法。齿轮系可以分为两种基本类型：定轴齿轮系和行星齿轮系。

一、齿轮系的分类

(一) 定轴齿轮机

在传动时所有齿轮的回转轴线固定不变的齿轮系，称为定轴齿轮系。定轴齿轮系是最基本的齿轮系，应用很广。

(二) 行星齿轮系

一个或一个以上的齿轮除绕自身轴线自转外，其轴线又绕另一个轴线转动的轮系称为行星齿轮系。在行星齿轮系中，既绕自身轴线自转又绕另一固定轴线公转的齿轮被形象地称为行星轮。支承行星轮做自转并带动行星轮做公转的构件 H 称为行星架。轴线固定的齿轮1、3 则称为中心轮或太阳轮。因此行星齿轮系是由中心轮、行星架和行星轮三种基本构件组成。显然，行星齿轮系中行星架与两中心轮的几何轴线必须重合，否则无法运动。

根据结构复杂程度不同，行星齿轮系可分为以下三类：第一，单级行星齿轮系。它是由一级行星齿轮传动机构构成的轮系。第二，多级行星齿轮系。它是由两级或两级以上同类单级行星齿轮传动机构构成的轮系。第三，组合行星齿轮系。它是由一级或多级以上行星齿轮系与定轴齿轮系组成的轮系。行星齿轮系根据自由度的不同可分为两类：第一，自由度为2的称差动齿轮系；第二，自由度为 1 的称单级行星齿轮系。按中心轮的个数不同又分为 2K-H 型行星齿轮系、3K 型行星齿轮系、K-H-V 型行星齿轮系。

二、齿轮传动的应用

(一) 齿轮传动技术解析

齿轮传动是利用齿轮副来传递运动或动力的一种机械传动，是由分别安装在主动轴及从动轴上的两个齿轮相互啮合而成。齿轮传动是应用最多的一种传动形式。

1. 齿轮传动的基本特点

优点：齿轮传递的功率和速度范围很大；齿轮传动瞬时传动比恒定，且传动平稳、可靠；齿轮传动动力大，效率高，使用寿命长；齿轮种类繁多，可以满足各种传动形式的需要。

缺点：齿轮的制造和安装的精度要求较高；成本相对较高；运行时噪声较大；中心距过大时将导致齿轮传动机构结构庞大、笨重。因此，不适合中心距较大的场合。

2. 齿轮传动的分类及应用

齿轮的种类很多，可以按不同方法进行分类。

按啮合方式分，齿轮传动有外啮合传动和内啮合传动；按齿轮的齿形形状不同分，齿轮传动有直齿圆柱齿轮传动、斜齿圆柱齿轮传动、人字齿圆柱齿轮传动和直齿锥齿轮传动。

(1) 齿轮传动在应用上分为三种，开式、半开式和闭式。开式、半开式一般应用在农业机械、建筑机械及一些简易的机械设备中。闭式与开式或半开式相比，润滑及防护等条件最好，重要的设备场合应用较多。

(2) 链传动的特点：

优点：平均传动比相对较精确；传动效率高；可以在两轴中心距较远的情况下传递动力；可以在环境较恶劣的情况下。

缺点：传动不太平稳，传动中有冲击和噪声；瞬时传动比不恒定，只能用于平行轴间；传动链条磨损后，链节变长，容易产生脱链现象。

链传动的应用：日常生活中较常见的链传动有轻工机械、矿山机械等。

（3）带传动：

按工作原理的不同，带传动可以分为啮合带传动和摩擦带传动两类。常用的摩擦带传动有平带传动和 V 形带传动。

啮合带传动的特点：

优点：传动准确，传动比恒定；传动平稳，噪声低；传动效率高；速比和功率传递范围大；可用于大中心距传动。相对于 V 形带传动，轴和轴承上所受载荷小。

缺点：相对 V 形带加工成本高；中心距安装要求高。

摩擦带传动的特点：

由于带富有弹性，并靠摩擦力进行传动，因此它具有以下优点：第一，结构简单；第二，传动平稳；第三，噪声小，能缓冲吸振；第四，过载时带会在带轮上打滑，对其他零件起过载保护作用；第五，适用于中心距较大的传动。

但摩擦带传动也有不少缺点，一是不能保证准确的传动比；二是传动效率低；三是带的使用寿命短；四是不宜在高温、易燃以及有油和水的场合使用。

3. 带轮的应用

同步带广泛应用于要求传动比准确的中、小功率传动中。摩擦带传动主要用于要求传动平稳，传动比要求不高，中小功率及中心距较大的场合，不适合在高温、易燃、易爆、有腐蚀介质的场合使用。

（二）对中国齿轮技术的展望

人类历史跨入 21 世纪，建设数字化的地球已成为共识。制造业信息化给齿轮制造业带来了新的机遇和挑战。我们要抓住这个机遇，用信息技术、高新技术武装和改造传统的齿轮技术，实现齿轮技术的信息化、集成化。

（1）齿轮制造业的信息化：随着整个工业化水平的提高，对齿轮传动的性能要求也不断提高。承载能力高、体积小、重量轻、寿命长、价格低、服务好成为市场竞争的砝码。我国的齿轮制造业已广泛应用了 CAD/CAM、CAE、CAPP、RPM 等先进的单元技术，今后要向集成化、网络化方向发展。信息化将会给中国的齿轮制造业插上腾飞的翅膀。

（2）新型齿轮材料：如今齿轮的制造材料基本上是钢铁，或者扩大一点说是金属。随着材料科学的迅猛发展，许多新材料将被用于齿轮。高分子材料，如塑料已在齿轮上得到应用，今后必将有更大的作为。陶瓷材料已在发动机汽缸、轴承上得到应用，预计也将在齿轮传动中得到体现。纳米材料、智能材料由于其在物理、化学、力学、光学等方面的特殊性质，将会在齿轮材料家族中起着奇妙而重要的作用。

（3）自主创新能力提高：目前，世界著名齿轮制造厂商纷纷在中国亮相，给我们展示了先进的齿轮制造技术和产品，是件好事情。但是从长远来看，我们不能只满足于成为世界齿轮制造业的"生产车间"，我们应该也有能力在竞争中占有一席之地，成为世界齿轮制造强国的"伙伴"。我们要注意齿轮技术的创新，获得更多具有自主知识产权的创新技术产品。

（4）齿轮摩擦学：由于对齿轮装置的要求越来越高，摩擦学在减少齿轮的摩擦、降低齿轮的磨损、提高齿轮的润滑性能方面将扮演更重要的角色。相对于机械学科而言，摩擦学是一门新兴的学科，更有潜力可挖。摩擦学设计将把润滑剂考虑进去。润滑剂使机械零件的设计思想在齿轮数字化设计中得以体现。齿轮表面的改性技术，新型润滑剂、纳米润滑添加剂的研究，新的润滑方式及特殊环境下的润滑解决方案都将成为热点。

（5）齿轮绿色制造技术：中国的齿轮制造业是一个很大的产业，年产值30多亿美元。该制造业涉及能源、材料、冶金、机械加工等诸多行业。在提高产品质量、提高效益的同时，必须注意产品的全生命周期的设计，注意产品各生产环节的节能环保问题及产品回收利用问题。目前，齿轮热处理工艺中的环保问题；采用高速干式切削以提高效率和工件质量，免除冷却液（润滑剂）对环境的污染；采用精密铸造、锻造等齿轮加工近净成形技术以节约原材料，减少切削加工工序；润滑油循环再生等都是研究的热点。总之，齿轮的绿色制造是关系到可持续发展的重大问题，期望未来的中国是一个齿轮绿色制造大国。

第三节　谐波齿轮传动

一、谐波齿轮传动的发展历史

谐波齿轮传动技术是 20 世纪 50 年代随航天技术的发展而产生的一种新的传动技术。在谐波传动出现后短短的几十年中，世界各工业比较发达的国家都集中了一批研究力量致力于这类新型传动技术的研究。例如，美国就有国家航空航天管理局路易斯研究中心、空间技术实验室、USM 公司、贝尔航空空间公司、卡曼飞机公司、本迪克斯航空公司、波音航空公司、肯尼迪空间中心（KSC）、麻省理工学院（MIT）、通用电气（GE）公司等几十个大型公司和研究中心从事这方面的研究工作。

苏联从 20 世纪 60 年代初期开始，也大力开展了这方面的研究工作，如苏联机械研究所、莫斯科鲍曼工业大学、列宁格勒光学精密机械研究所、全苏减速器研究所、基也夫减速器厂和莫斯科建筑工程学院等单位都大力开展了谐波传动的研究工作。它们在该领域进行了较系统、深入的基础理论和试验研究，在谐波传动的类型、结构、应用等方面有较大发展。日本长谷川齿轮株式会社等有关企业，自 1970 年开始，从美国引进 USM 公司的全套技术资料，成立了谐波传动株式会社，目前除能大批生产各种类型的谐波传动装置外，还完成了通用谐波传动装置的标准化、系列化工作。值得注意的是，西欧一些国家，如德国、法国、英国、瑞士、瑞典及意大利等国，都开展了谐波传动的研究工作并推广应用研究成果，它们不但对谐波传动的基础理论进行了系统的研究，而且把谐波传动应用在卫星、机器人、数控机床等领域。

谐波齿轮传动技术于 1961 年由上海纺织科学研究院的孙伟工程师引入我国。此后，我国也积极引进并研究发展该项技术，1983 年成立了谐波传动研究室，1984 年谐波减速器标准系列产品在北京通过鉴定，1993 年制定了谐波传动减速器标准《谐波传动减速器》（GB/T 14118–1993），并且在理论研究、试制和应用方面取得了较大的成绩，成为掌握该项技术的国家之一。到目前为止，我国已有北京谐波传动技术研究所、燕山大学、郑州机械研究所、北方精密机械研究所等几十家单位从事这方面的研究和产品生产，为我国谐波传动技术的研究和推广应用打下了坚实的基础。在过去的几十年中，世界各国在谐波传动技术的结构设计、应用研究、类型划分等方面取得了重要成果。

随着机器人等相关产业的增长，谐波齿轮传动技术得到了进一步的发展。特别是在工业机器人领域，谐波减速器凭借其体积小、传动比高、精密度高等优势，占据了主导地位。绿的谐波等国内厂商完成了工业机器人谐波减速器技术研发并实现规模化生产，实现了对进口产品的替代。根据市场研究报告，2022 年我国谐波减速器产量约为 46.3 万台，市场规模达到了 32.6 亿元，同比增长 16.64%，2016 年到 2022 年复合增长率约为 27.98%。

二、谐波齿轮传动的特点

(一) 主要优势

(1) 结构简单，零件少，体积小，重量轻：与传动比相当的普通减速器比较，其零件约减少 50%，体积和重量均减少 1/3 以上。

(2) 传动比大，传动比范围广：单级谐波减速器传动比在 50~300，双级谐波减速器传动比在 3000~60000，复波谐波减速器传动比在 100~140000。

(3) 由于同时啮合的齿数多，齿面相对滑动速度低，使其承载能力强，传动平稳且精度高，噪声低。

(4) 谐波齿轮传动的回差较小，齿侧间隙可以调整，甚至可实现零侧隙传动。

(5) 在采用如电磁波发生器或圆盘波发生器等结构型式时，可获得较小转动惯量。

(6) 谐波齿轮传动还可以向密封空间传递运动和动力，采用密封柔轮谐波传动减速装置，可以驱动工作在高真空、有腐蚀性及其他有害介质空间的机构。

(7) 传动效率较高，且在传动比很大的情况下，仍具有较高的效率。

(二) 主要缺点

(1) 柔轮周期性变形，工作情况恶劣，易疲劳、损坏。

（2）柔轮和波发生器的制造难度较大，需要专门设备，给单件生产和维修造成了困难。

（3）传动比的下限值高，齿数不能太少，当波发生器为主动时，传动比一般不能小于35。

（4）起动力矩大。

（三）谐波齿轮传动的应用

由于谐波传动具有许多独特的优点，几十年来，谐波齿轮传动技术和传动装置已被广泛应用于空间技术、雷达通信、能源、机床、仪器仪表、机器人、汽车、造船、纺织、冶金、常规武器、精密光学设备、印刷包装机械及医疗器械等领域。国内外的应用实践证明，无论是作为高灵敏度随动系统的精密谐波传动，还是作为传递大转矩的动力谐波传动，都表现出了良好的性能；作为空间传动装置和用于操纵高温、高压管路及在有原子辐射或其他有害介质条件下工作的机构，更显示了一些其他传动装置难以比拟的优越性。谐波齿轮一般都是小模数齿轮，谐波齿轮传动装置一般都具有小体积和超小体积传动装置的特征。谐波齿轮传动在机器人领域的应用最多，在该领域的应用数量超过总量的60%。谐波齿轮传动还在化工立式搅拌机、矿山隧道运输用的井下转辙机、高速灵巧的修牙机及精密测试设备的微小位移机构、精密分度机构、小侧隙传动系统中得到应用。随着军事装备的现代化，谐波齿轮传动更加广泛地应用于航空、航天、船舶潜艇、宇宙飞船、导弹导引头、导航控制、光电火控系统、单兵作战系统等军事装备中，如在战机的舵机和惯导系统中，在卫星和航天飞船的天线和太阳能帆板展开驱动机构中都得到应用。

另外，精确打击武器和微小型武器是未来军事高科技的发展趋势之一。先后出现了微型飞机、便携式侦察机器人、微小型水下航行器、精确打击武器及灵巧武器和智能武器等新概念微小型武器系统。它们具有尺寸小、成本低、隐蔽性好、机动灵活等特征，在未来信息化战争、城市和狭小地区及反恐斗争中将占据重要的位置和发挥不可替代的作用。为进一步提高打击精度、提高可靠性、降低成本，武器系统的关键功能部件正在向小型化方向发展，超小体积谐波齿轮传动装置常用来构成相关部件的传动装置，以提高武器系统的打击精确性。

(四) 国内外谐波齿轮减速器比较

国外小模数精密谐波齿轮减速器多采用短筒柔轮, 其体积小、重量轻、承载能力高; 我国采用的还是普通杯形柔轮, 还没有生产短筒柔轮谐波齿轮减速器。我国谐波齿轮减速器尺寸大, 承载能力反而小。国外短筒柔轮谐波齿轮减速器的体积仅是我国相同外径产品的 30% 左右, 而承载能力 (转矩) 却是我国相同外径产品的 1.39~2 倍。

我国杯形柔轮的轴向尺寸比国外短筒柔轮的轴向尺寸要大得多。要想在承载能力不变的情况下减小装置的体积, 就应该下功夫研究短筒柔轮及其传动装置。另外, 国外小模数谐波齿轮传动装置中的齿轮精度一般比我国的齿轮精度高 2 级, 运动精度和回差能够小于 3, 而我国产品的回差一般都在 6 以上。

第四节　同步带传动装置

带传动是各类机械中常用的装置, 按传动带的截面形状分为平带、V 形带、多楔带、同步带传动, 其中平带和 V 形带传动应用非常广泛。带传动属于挠性传动, 传动平稳, 噪声小, 可缓冲吸振; 过载时, 带会在带轮上打滑, 可防止其他零件的损坏, 起到安全保护的作用; 带传动允许较大的中心距, 结构简单, 制造、安装和维护较方便, 且成本低廉。但带传动也有以下缺点: 带与带轮之间存在滑动, 传动比不能严格保持不变, 带传动的效率较低, 带的寿命较短, 不宜在易燃易爆场合下工作等。在实际生产中, 由于人们对带传动知识了解不多, 对带传动机械使用维护不当, 造成带寿命低、易损坏和带传动机械事故时有发生等现象。

一、带传动工作特性分析

(一) 带传动的受力分析

在实际机械中, 带传动是由主动带轮、从动带轮和紧套在带轮上的传动带组成, 当主动带轮旋转时, 依靠带与带轮接触面上所产生的摩擦力驱动从动轮转动。这说明带与带轮之间必须有正压力，因此带安装在带轮上要有一定的张紧力，也就是我们所说的初拉力。

带传动机械静止时，带轮两边的拉力相等，均为初拉力。带传动机械工作时，由于带与带轮接触面间摩擦力的作用，带进入主动轮的一边被进一步拉紧，拉力增大，称为紧边；另一边则被放松，拉力减小，称为松边；小轮为主动轮，大轮为从动轮。

(二) 带传动的弹性滑动分析

传动带主要是由橡胶帆布材料制成的挠性元件，工作时在拉力的作用下会产生弹性伸长，由于紧边和松边的拉力不同，因而弹性伸长量也不同。当带从紧边到松边转过 α_1（小带轮包角）角度的过程中，拉力逐渐减小，使得弹性伸长量随之逐渐减小，因而带沿主动轮的运动是一面绕进，一面向后收缩。而带轮是刚性体，不产生变形，所以主动轮的圆周速度大于带的圆周速度，这就说明带在绕经主动轮的过程中，在带与主动轮之间发生了相对滑动。相对滑动现象也发生在从动轮上，根据同样的分析，带的速度大于从动轮的速度。这种由于带的弹性变形而引起的带与带轮间的微小相对滑动，称为弹性滑动。弹性滑动除了使从动轮的圆周速度低于主动轮的圆周速度外，还将使传动效率降低，带的温度升高，磨损加快。弹性滑动是带传动的固有特性，只能设法降低，不能避免。

(三) 带传动的打滑分析

带传动中，若传递的外载荷超过最大有效圆周力，带就在带轮上发生显著的相对滑动现象，称为打滑。出现打滑现象时，从动轮转速急剧降低，甚至使传动失效，而且使带严重磨损。因此，打滑是带传动的主要失效形式。带在小轮上的包角小于大轮上的包角，带与小轮的接触弧长较大轮短，所能产生的最大摩擦力小，所以打滑总是在小带轮上先开始。打滑是由于过载产生的，是可以而且必须避免的。通过对带传动工作特性的分析，可知带的磨损和被拉长的现象是不可避免的，同时对带传动机械使用不当，机械的工作性能受到影响，会降低带的使用寿命，给用户带来损失。因此，对带传动机械的正确使用和维护就显得十分重要。

二、带传动的正确使用

（1）购买新机械时，对传动装置认真检查，观察带轮的摩擦表面是否平整、两带轮是否成直线对称、传动带型号和长度是否一致、带传动是否安装防护罩等。

（2）定期张紧传动带。带传动机械使用过程中，会出现机械功率下降、带传动打滑、带松弛等现象，这时，可通过调整中心距或张紧轮来张紧传动带，为了检验带的松紧程度，可用大拇指将带按下 15mm。

（3）工作后对带传动装置仔细观察，检查传动带和带轮是否清洁，如有污物，用干抹布擦拭，不能用清洁剂刷洗传动带，为了除去油污及污垢，也不能用砂纸擦拭或用尖锐的物体刮，要保持传动带的干燥。

三、带传动的正确安装与维护

（一）带传动的正确安装

（1）当传动带有异常磨损、裂纹、磨损过量时，必须更换传动带，更换传动带要注意以下方面。

带传动机械停止工作，卸下防护罩，旋松中心距调整装置的装配螺栓。移动调整装置使传动带足够松弛，不需撬开就能取下传动带，千万不要把传动带撬下来。

取下旧皮带，选择型号和长度相同的传动带替换。注意，只要一根传动带损坏，所有的传动带都需换成新的。

调紧传动装置的中心距，直至张力测量仪测出皮带张力适当为止。用手转几圈主动轮，重测张力。如果没有测量仪，可用前面所述的大拇指按下带的方法来检验。

检查带轮是否成直线对称。带轮成直线对称对传动带特别是同步带传动装置的运转是至关重要的。

检查其余的传动装置部件，如轴承和轴套的位置、零件的耐用性及润滑情况等。

拧紧装配螺栓，纠正扭矩。由于传动装置在工作时中心距的任何变化都会导致皮带性能不良，故务必要确保所有传动装置部件的螺栓均已拧紧。

启动传动装置并观察传动带性能，察看是否有异常振动，细听是否有异常噪声。运转一定时间后，最好是关掉机器，检查轴承及马达的状况；若是摸上去觉得太热，可能是皮带太紧或是轴承不对称，或润滑不正确。

安装后要清洁传动带及带轮，传动带和带轮在使用前必须保持干燥。

（2）检查带轮是否有异常磨损或裂纹，如果磨损过量，则必须更换带轮。

（二）带传动的维护

除了正确使用和安装，对带传动的维护也是十分重要的，只有搞好了平时的维护，才能保证带传动机械的正常工作和传动带的寿命。

（1）带传动装置外面加防护罩，以保证安全，避免阳光直射、雨雪浸淋，防止与酸、碱、有机溶剂、水蒸气等影响产品性能的物质接触。

（2）带传动工作温度不应超过60℃，距热源至少1m以外，保证通风。

（3）如果带传动装置需闲置一段时间后再用，应将传动带放松或取下来保存，保存期间要防止承受过大的重量而变形，不得折压堆放，不得将带直接放在地上，应将带悬挂在架子上或平整地放在货架上。

（4）带轮应经常清洁，要防止生锈。

（5）在带轮上安装新的传动带，绝不要撬或用力过猛。

第五节　导轨的设计计算与选用

一、导轨的设计与选择

（一）对导轨的要求

1. 导轨精度高

导轨精度是指机床的运动部件沿导轨移动时的直线和它与有关基面之间相互位置的准确性。无论在空载还是切削工件时导轨都应有足够的导轨精度，这是对导轨的基本要求。

2.耐磨性能好

导轨的耐磨性是指导轨在长期使用过程中保持一定导向精度的能力。因导轨在工作过程中难免磨损，所以应力求减少磨损量，并在磨损后能自动补偿或便于调整。

3.足够的刚度

导轨受力变形会影响部件之间的导向精度和相对位置，因此要求轨道应有足够的刚度。

4.低速运动平稳性

要使导轨的摩擦阻力小，运动轻便，低速运动时无爬行现象。

5.结构简单、工艺性好

导轨的制造和维修要方便，在使用时便于调整和维护。

（二）对导轨的技术要求

1.导轨的精度要求

滑动导轨，不管是 V- 平型还是平 - 平型，导轨面的平面度通常取 0.01 ~ 0.015mm，长度方面的直线度通常取 0.005 ~ 0.01mm；侧导向面的直线度取 0.01 ~ 0.015mm，侧导向面之间的平行度取 0.01 ~ 0.015mm，侧导向面对导轨地面的垂直度取 0.005 ~ 0.01mm。

2.导轨的热处理

数控机床的开动率普遍都很高，这就要求导轨具有较高的耐磨性，以提高其精度保持性。为此，导轨大多需要淬火处理。导轨淬火的方式有中频淬火、超音频淬火、火焰淬火等，其中用得较多的是前两种方式。

二、导轨的种类和特点

导轨按运动轨迹，可分为直线运动导轨和圆运动导轨；按工作性质，可分为主运动导轨、进给运动导轨和调整导轨；按接触面的摩擦性质，可分为滑动导轨、滚动导轨和静压导轨三大类。

（一）滑动导轨

滑动导轨是一种做滑动摩擦的普通导轨。滑动导轨的优点是结构简单，使用维护方便；缺点是未形成完全液体摩擦时低速易爬行，磨损大，寿命短，运动精度不稳定。滑动导轨一般用在普通机床和冶金设备上。

(二) 滚动导轨的特点

摩擦阻力小，运动轻便灵活；磨损小，能长期保持精度；动、静摩擦系数差别小，低速时不易出现"爬行"现象，故运动均匀平稳。缺点：导轨面和滚动体是点接触或线接触，抗震性差，接触应力大，故对导轨的表面硬度要求高；对导轨的形状精度和滚动体的尺寸精度要求高。因此，滚动导轨在要求微量移动和精确定位的设备上获得日益广泛的运用。

(三) 静压导轨

静压导轨是利用液压力让导轨和滑块之间形成油膜使滑块有 0.02 ~ 0.03mm 的浮起，从而大大减小了滑块和导轨之间的摩擦系数，但其依然属于滑动导轨副。缺点是结构复杂，且需备置一套专门的供油系统。

三、滚动导轨

(一) 结构与优缺点

在承导件和运动件之间放入一些滚动体 (滚珠、滚柱或滚针)，使相配的两个导轨面不直接接触的导轨，称为滚动导轨。

滚动导轨的优点如下：

(1) 摩擦阻力小，运动轻便灵活。

(2) 磨损小，能长期保持精度。

(3) 动、静摩擦系数差别小，低速时不易出现"爬行"现象。

(4) 驱动功率大幅度下降，只相当于普通机械的 1/10。

(5) 适应高速直线运动，其瞬时速度比滑动导轨提高约 10 倍。

(6) 能实现高定位精度和重复定位精度。

(7) 能实现无间隙运动，提高机械系统的运动刚度。

(8) 导轨副滚道截面采用合理比值的圆弧沟槽，接触应力小，承接能力及刚度比平面与钢球点接触时大大提高，滚动摩擦力比双圆弧滚道有明显降低。

(9) 导轨采用表面硬化处理，使导轨具有良好的可校性；心部保持良好的机械性能。

(10) 简化了机械结构的设计和制造。

滚动导轨的缺点：第一，导轨面和滚动体是点接触或线接触，抗震性差，接触应力大，故对导轨的表面硬度要求高；第二，对导轨的形状精度和滚动体的尺寸精度要求高。

(二) 滚动直线导轨副的使用

1. 基础件上安装导轨副安装平面的安装要求

(1) 使用单根导轨副的安装面其平面精度低于导轨副运行精度。

(2) 同一平面使用两根以上导轨副时，其安装面精度低于导轨副运行精度。

2. 导轨副联结基准面的结构形式

(1) 用紧固螺钉固定。

(2) 用压板固定。

(3) 用定位销固定。

(4) 用紧固螺钉固定。

(5) 用楔块固定。

3. 安装基面的台肩高度及倒角形式

(1) 导轨基准面安装。

(2) 滑块基准面安装。

(3) 将滑块和导轨安装在床身和工作台时，为使滑块和导轨不与基础件发生干涉，加工或者相应加工成清角槽。

4. 滚动直线导轨副的安装调整

(1) 安装与使用：小心轻放，避免磕碰以影响导轨副的直线精度。不允许将滑块拆离导轨或者超过行程又退回去。如果因为安装困难，需要拆下滑块，必须向生产公司订购引导轨。

(2) 安装注意事项：①准确区分基准导轨副与非基准导轨副。②认清导轨副安装时所需要的基准侧面。

5. 滚动直线导轨的选型与计算

(1) 滚动直线导轨的选型：一般是依照导轨的承载量，先根据经验确定导轨的规格，然后进行寿命计算。导轨的承载量与导轨规格一般有相应的经验关系。

（2）滚动直线导轨的计算：滚动直线导轨的计算就是计算其距离额定寿命或时间额定寿命。而额定寿命主要与导轨的额定动载荷和导轨上每个滑块所承受的工作载荷有关。额定动载荷的值可以从样本上查到。每个滑块所承受的工作载荷则要根据导轨的安装形式和受力情况进行计算。

额定动载荷是指导轨在一定的载荷下行走一定距离，90% 的支承不发生点蚀，这个载荷称为滚动直线导轨的额定动载荷，这个行走距离称为滚动直线导轨的距离额定寿命。如果把这个行走距离换算成时间，则得到时间额定寿命。

四、导轨的设计计算

（一）导轨行程计算

基于工作台长度和导轨长度的计算：

行程 = 工作台长度 − 导轨长度 + （导轨长度 + 导程）/2

在选择导轨时，需要结合工作台的长度和导轨的长度来计算行程，确保行程满足工作要求。

基于旋转导轨的计算：

行程 = π ×（导轨半径 + 工作台半径）× 旋转角度 /180

此公式适用于旋转导轨的情况，其中导轨半径和工作台半径分别为旋转导轨的半径和工作台的半径，旋转角度为旋转导轨的旋转角度。

（二）直线导轨长度计算

$$L=l+2h+0.1 \tag{4-1}$$

式中：L——直线导轨的总长度；

l——滑块间距；

h——滑块高度；

0.1——预留长度。

(三) 机床导轨宽度计算

$$导轨宽度 = K \times F \times L \tag{4-2}$$

式中: K——系数 (取值范围通常在 1.2 ~ 1.5);

F——工件的最大切削力;

L——工件的加工长度。

第五章　机电一体化的计算机控制技术

第一节　计算机控制系统的组成及类型

一、计算机控制系统的组成

计算机控制系统是利用计算机来实现自动控制的系统，它通过对工业生产过程被控参数进行实时数据采集、实时控制决策和实时控制输出来完成对生产过程的控制。在控制系统中引入计算机，可以充分发挥其运算、逻辑判断和记忆等方面的优势，从而使控制系统更好地完成各种控制任务。

计算机控制系统由硬件和软件两大部分组成。

(一) 硬件组成

计算机控制系统的硬件主要包括计算机主机及其外围设备、以模 / 数 (A/D) 转换和数 / 模 (D/A) 转换为核心的模拟量 I/O 通道和数字量 I/O 通道、人机联系设备等。

(1) 计算机主机。由 CPU、时钟电路和内存储器构成的计算机主机是计算机控制系统的核心部件，其主要功能是数据采集、数据处理、逻辑判断、控制量计算、超限报警等，以及向系统发出各种控制命令，指挥整个系统有条不紊地协调工作。随着微处理技术的快速发展，工业领域相继开发出一系列的工业控制计算机，如单片机、PLC、总线式工控机、分散计算机控制系统等。这些控制计算机弥补了商用计算机的缺点，更加适用于工业现场环境，也极大地提高了机电一体化系统的自动化程度。

(2) I/O 通道。I/O 通道是计算机主机与被控对象进行信息交换的桥梁，有模拟量 I/O 通道和数字量 I/O 通道之分。模拟量 I/O 通道的作用是进行 A/D 转换和 D/A 转换。由于计算机只能处理数字信号，经由传感器和变送器得到的生产过程模拟量参数要先经过 A/D 转换将其转换为数字量，才能输入给计算机。而计算机输出的数字量控制信号要经过 D/A 转换变为模拟信号后输出到执行机构，以完成对生产过程的控制。数字量 I/O 通道的作用是将各种继电器、限位开关等的状态经由数字量输入接口传送给计算机，或者将计算机发出的开关动作逻辑信号通过数字量输出接口传送给生产机械中的电气开关。

（3）外围设备。在计算机控制系统中，配置外围设备主要是为了扩大计算机主机的功能。常用的外围设备有打印机、记录仪、显示器（CRT）、硬盘及外存储器等，用来打印、记录、显示和存储各种数据。

（4）操作台。操作台是人机对话的联系纽带，一般包括各种控制开关、指示灯、数字键、功能键、声讯器以及显示器等。通过操作台，操作人员可对计算机进行输入和修改控制参数操作，发出各种操作指令；计算机可向操作人员显示系统运行状态，当系统异常时发出报警信号。

（二）软件组成

计算机控制系统中的软件是指用于完成操作、监控、管理、控制、计算和自我诊断等功能的各种程序的统称。软件的优劣不仅关系到硬件功能的发挥，而且关系到计算机控制系统的品质。按功能区分，软件通常分为系统软件和应用软件两大类。

系统软件是指用来管理计算机自身资源和便于用户使用计算机的软件。常用的系统软件包括操作系统和开发系统（如汇编语言、高级语言、数据库、通信网络软件）等。它们一般由计算机制造厂商提供，用户只需了解并掌握其使用方法，或者根据实际需要进行适当的二次开发。

应用软件是用户根据要解决的具体控制问题而编制的控制和管理程序，如数据采集和滤波程序、控制程序、人机接口程序、打印显示程序等。其中，控制程序是应用软件的核心，是基于经典控制理论和现代控制理论的各种控制算法的具体实现。

在计算机控制系统中，软件和硬件并非独立存在，两者需要相互间的有机配合和协调，只有这样才能设计出满足生产要求的高质量控制系统。

二、计算机控制系统的类型

(一) 按控制装置分类

机电一体化系统大多采用计算机作为控制器，如单片机、普通个人计算机、工业计算机和 PLC 等。

(二) 按计算机在控制系统中的应用方式分类

（1）操作指导控制系统又称为数据处理系统（data Processing System, DPS）。在操作指导控制系统中，计算机只起数据采集和处理的作用，并不直接参与生产过程的控制。计算机对检测传感装置测得的生产对象的状态参数进行采集，并根据一定的控制算法计算出最优操作方案和最佳设定值，供操作人员参考和选择。操作人员根据计算机的输出信息（如 CRT 显示图形或数据、打印机输出、报警信号等），去改变调节器的设定值或直接操作执行机构。该控制系统的特点是组成简单、控制灵活安全，尤其适合控制规律尚不明晰的系统，常常用于计算机控制系统的初期研发阶段，或者新控制算法或控制程序的试验和调试阶段。

（2）直接数字控制系统与操作指导控制系统不同，直接数字控制（Direct Digital Control, DDC）系统中计算机的运算和处理结果直接输出并作用于生产过程。DDC 系统中的计算参与闭环控制，它完全取代了模拟调节器来实现多回路的 PID 控制，而且只通过改变程序就能实现复杂的控制规律，如串级控制、前馈控制、非线性控制、自适应控制、最优控制等。DDC 系统是计算机在工业生产中最普遍的一种应用形式，目前在工业控制中得到了广泛应用。

（3）监督计算机控制（Supervisory Computer Control, SCC）系统是指计算机根据生产工艺参数和过程参量检测值，按照预定的控制算法计算出最优设定值，直接传送给常规模拟调节器或 DDC 系统，最后由模拟调节器或 DDC 系统控制生产过程。SCC 系统中计算机的输出值不直接用于控制执行机构，而是作为下一级的设定值，它并不参与到频繁的输出控制，而是着重于控制规律的修正与实现。该系统的优点是可进行复杂的控制，如最优控制和自适应控制等，并且能完成某些管理工作。由于采用了两级控制形式，当上一级出现故障时，下一级仍可独立执行控制任务，因此工作可靠性较高。

（4）生产过程中既存在控制问题，也存在管理问题。随着工业生产规模的不断扩大，其对控制和管理的要求也日益提高，因此出现了采取分散控制、集中操作、分级管理和分而自治原则的分布式控制系统（Distributed Control System，DCS）。DCS综合了计算机技术、控制技术和通信技术，采用多层分级的结构形式。每级使用一台或数台计算机，各级之间通过通信总线进行连接。系统中的多台计算机用于实现不同的控制和管理功能。

一个四级DCS的组成：其中，过程控制级位于DCS的最底层，对现场生产设备进行直接数字控制；控制管理级也称为车间管理级，用于负责全车间各个设备之间的协调管理；生产管理级即工厂管理级，主要负责全厂各车间的生产协调，包括生产计划安排、备品备件管理等；经营管理级也称为企业管理级，负责整个企业的总体协调，安排总的生产计划，进行企业的经营决策等。DCS安全可靠，通用灵活，并具有最优控制性能和综合管理能力。

第二节　控制计算机的作用及基本要求

一、控制计算机在机电一体化系统中的作用

控制计算机在机电一体化系统中的作用可大致归纳为以下方面。

（1）对工业生产过程实行直接控制，包括顺序控制、数字程序控制和直接数字控制。

（2）对工业生产过程实施监督和控制。例如，根据生产过程的状态参数，按照预定的生产工艺和数学模型，计算出最佳给定值，以指导生产的进行；将最佳给定值输入给模拟调节器，进行自动整定和调整，然后传送至下一级计算机进行直接数字控制。

（3）自动检测、显示和分析处理工业生产过程参数。例如，在工业生产过程中，对各物理量参数进行周期性或随机性的自动测量，并将测量结果予以显示和打印记录，以供操作人员观测和分析之用；对间接测量的参数和指标进行计算、存储、分析、判断和处理，并将信息反馈到控制中心，以便后

续制定新的控制策略。

（4）对车间级或厂级自动生产线的生产过程进行协调、调度和管理，如生产计划制订和管理、人机交互管理、故障诊断和系统重构等。

（5）直接渗透到产品中形成具有一定智能的机电一体化新产品，如机器人、智能仪表等。机电一体化系统的微型化、多功能化、柔性化、智能化，以及安全可靠、成本低廉，易于操作等特性，都是源于计算机技术的应用。

二、机电一体化对控制计算机的基本要求

(一) 具有完善的 I/O 通道

控制计算机必须具有丰富的模拟量 I/O 通道，以及数字量或开关量 I/O 通道，以便实现各种形式信息的采集、处理和交换，这是计算机能够投入机电一体化系统并能有效控制系统正常运行的重要保证。

(二) 具有实时控制功能

控制计算机应具有时间驱动和事件驱动的能力，要能对生产过程进行实时监视和控制，因此控制计算机应配有完善的中断系统、实时时钟及高速数据通道，以保证对生产过程工况和参数的变化以及突发紧急情况等具有迅速响应和及时处理的能力，并能够实时地在计算机与被控对象之间进行信息交换。

(三) 具有高可靠性

工业生产过程通常是昼夜不间断地运行的，一般的生产设备要几个月甚至一年才能停产大修一次，因此控制计算机必须具有非常高的可靠性，即要求计算机故障率低（一般来说，控制计算机的平均故障间隔时间不应低于数千甚至上万小时）、平均故障修复时间短、运行效率高。在一定时间内，计算机运行时间应占 99% 以上。

(四) 具有很强的抗干扰能力和环境适应性

由于控制计算机是面向工业生产现场的，而在工业现场环境中，电磁

干扰十分严重，因此控制计算机必须具有极高的电磁兼容性，要有很强的抗干扰能力和共模抑制能力。此外，控制计算机还应对高温度、高湿度、振动冲击、灰尘等恶劣的工作环境具有很强的适应性，这样才能符合在生产现场应用的要求。

（五）具有丰富的软件

控制计算机要配备丰富、完善的软件系统，构建能正确反映生产过程规律的数字模型，并编制能对其进行有效控制的应用程序。

三、智能控制在机电一体化系统中的运用优势

机电一体化也被称为机械电子工程，其本质就是将微电子技术与机械操作相融合，以此来满足现代工业生产的需求。在实际的应用中，机电一体化技术具备高效、节能、精度高等优势，除此之外，在工作中也具有强度高、危险性强等问题。智能控制就是在机电一体化系统中根据实际需求编写程序，以此实现对多台机床的同步控制，这不仅能够有效降低人力成本，还能够使操作流程更加简便。除此之外，智能控制技术在机电一体化中的应用，也极大地缩减了人为操作因素对加工质量的影响。通过相关指令的实时接收，智能控制技术能够实现对作业生产的实时控制与调整，这在保证了产品质量的同时，也增强了系统运行的可靠性与安全性。基于智能控制技术的机电一体化系统，也实现了对生产流程的全面监控与统一部署，使各生产要素之间的衔接更加密切，针对不同参数的产品要求，也可以通过便捷的参数设置方法予以满足。可以说，正是智能控制技术的优异性能以及多重应用价值，促进了机电一体化系统的不断升级与发展，并进一步引发了新一轮的产业升级与改革。

四、智能控制在机电一体化系统中的应用实践

（一）机械制造

机械制造是机电一体化最重要的应用领域，也是机电一体化应用最具典型的代表。在以往的工作模式下，生产技术以及生产效率的低下导致产品

的质量得不到有效的保障。随着当前技术的不断升级，特别是智能技术的变革与发展直接推动了新一轮生产革命的兴起。以智能控制技术为依托的机电一体化系统也快速取代了以往的人工作业模式。在仿真模拟技术形式的支持下，机械制造朝着数字化的方向高速发展。机电一体化作为机械加工与计算机技术新时期背景下重要的载体，通过智能控制的形式促进了新一代智能制造系统的诞生。借助于神经网络、模糊数学等理论知识的应用，对产品生产的过程进行建模，以此为基础做出相应的调整与完善，这也能够最大限度确保产品的生产效率与生产质量。在实际生产作业的过程中，智能控制的应用也可以以传感器融合技术为载体，对机械制造过程进行动态模拟。与此同时，实现对反馈信息的搜集与处理能够为后续的生产调整与改革提供参考。

（二）数字控制

数字控制是指利用数字化信息技术对机械加工过程进行控制。在现代工业生产中，产品的生产不仅仅是快速完成零部件加工，更重要的是使设备本身具备一定的知识处理能力。当收集和获取了设备运行的反馈信息之后，能够动态地对产品加工方法进行调整。因此对于数字控制而言，人机交互性以及通信能力至关重要。实际上，智能控制与数字控制之间也有着较多的契合点，以模糊控制理论为基础可以对数控系统中的不同模块加以控制。在数据控制系统中，智能控制的应用范围更加广泛。其中，神经网络控制技术尤为突出，该技术自身具备较强的自适应能力，在生产过程中能够进行补差计算，除此之外，还能够对零部件的加工进行增益调节。补差计算就是指在加工过程中，能够就毛坯部件关键部位的信息点进行定位，以此为后续的精密化加工夯实基础。

（三）机器人

机器人本身就是一种智能机械设备，其不仅具备较强的计算能力、辨识能力，还具有较强的执行能力。在实际应用的过程中，机器人时变性、非线性以及耦合性等特征也十分突出。智能控制的应用有效改善了以往机器人在运动姿态下存在的系列问题，借助于精密的计算，帮助机器人对行进路线做出更加科学有效的规划。除此之外，基于智能控制，机器人也具备了一定的学习能力，这使机器人能够高效处理一些复杂的信息问题。在设计的环节中，可以将智能控制技术与机器人的视觉系统相连接，让机器人可以借助于自身的传感器来感应周围事物。与此同时，也赋予了机器人躲避障碍物的能力，机器人的动作也会因此变得更加协调。不仅如此，智能控制通过专家建模以及运动控制等形式，能够对周边的环境进行监测，这也为机器人的实际应用提供了更为可靠的支持。

(四) 建筑工程

近年来，随着社会经济的不断发展，人们对于生活品质的需求也在不断提高。智能控制技术在建筑工程领域的应用价值也得到了凸显。就当前而言，智能控制在建筑工程机电一体化中的应用主要包括两方面，分别是空调系统以及照明系统。以空调系统为例，通过比例积分调节器闭环来模拟四季温度，同时智能调节空调风阀，在提高空气质量的同时也起到了有效的节能减排的作用。在照明系统中，智能控制系统则是通过建筑主体之间的互联通信，对每一位用户通信线路运行情况进行有效的把握，当出现故障或是其他问题的时候，能够做出精准有效的反应，以此来保障系统的运行安全。同时，对建筑照明区域、时间的控制也是智能控制的主要应用范围，这在便捷用户生活的同时，也能够有效降低能源消耗。总体而言，智能控制在建筑工程领域中的实际应用，在一定程度上推动了人类现代化生活方式的转变与升级，在今后的发展道路中，智能控制也将在建筑领域的机电一体化系统中，得到更为广泛的应用。

第三节　常用控制计算机

机电一体化产品与非机电一体化产品的本质区别在于前者具有计算机控制的伺服系统。计算机作为伺服系统的控制器，将来自各传感器的检测信号和外部输入指令进行存储、分析、加工，并根据信息处理结果，按照一定的控制算法和程序发出指令，控制整个系统按照预定的目的运行。因此，实现机电有机融合，信息处理及机器的智能化都离不开计算机的支持，所以控制计算机在机电一体化中起着极为重要的作用。

常用控制计算机包括单片机、可编程序控制器（PLC）和总线型工业控制计算机（简称工控机）等。

一、单片机

(一) 单片机及其特点

将 CPU、ROM、RAM 及 IVO 接口等计算机的主要部件集成在一块大规模集成电路（LSI）芯片上，便构成了芯片级的微型计算机。单片机是由单一芯片构成的微型计算机，故称为单片微型计算机，简称单片机。因此，单片机具有一般微型计算机的基本功能。为了增强实时控制能力，绝大多数单片机上还集成有定时器或计数器，部分单片机还集成有 A/D 转换器、D/A 转换器、调制解调器和 PWM 等功能部件。由于单片机无论从功能还是形态来说都是作为控制领域用计算机而产生和发展的，因此国外多称之为微控制器。典型产品包括 Intel 公司的 MCS-51 系列（8 位）和 MCS-96 系列（16 位）、ATMEL 公司的 AVR 系列（8 位）和 AT89 系列（8 位）、Microchip 公司的 PIC 系列（8 位）、Silicon Labs 公司的 C8051F 系列（8 位）、ST 公司的 STM32 系列（32 位）等。

单片机具有集成度高、控制功能强、运行速度快、抗干扰性好、体积小、重量轻、能耗低、结构简单、价格低廉、通用性好等优点，可以在不显著增加机电一体化系统（产品）的体积、能耗及成本的情况下，大大提高其性能，丰富其功能，故常用于家用电器、办公自动化、门禁系统、智能化仪表、医疗器械、自动售货、工业过程控制、农业生产控制、通信与网络系统、汽车自动驾驶、导航定位、机器人视觉、航天测控、卫星遥感遥测、电子对抗等领域。

(二) MCS-51 系列单片机

MCS-51 系列单片机分为 51 和 52 两个子系列，其内部 CPU、I/O 接口及存储器的结构均相同，只是存储器的容量及其半导体制造工艺不同而已。

MCS-51 系列单片机若按存储器配置形式可分为三种类型，即无 ROM

型、ROM 型和 EPROM 型。无 ROM 型（8031 和 8032）片内没有配置程序存储器，故需外接 EPROM 来存放程序，使用灵活，早期应用广泛；ROM 型（8051 和 8052）的片内程序存储器为 ROM，在生产时由厂家将程序写入 ROM，因此用户无法对程序进行修改，可在产品定型后大量生产时选用；EPROM 型（8751 和 8752）片内程序存储器为 EPROM，利用高压脉冲写入程序，也可通过紫外线照射擦除程序，因此用户可自行多次改写，常在实验和科研中选用。

MCS-51 系列单片机均为 40 引脚双列直插塑料封装，引脚信号完全相同，大多可分为电源、时钟、I/O 口、地址总线、数据总线和控制总线等几大部分。

（三）单片机应用系统

按照系统扩展及系统配置情况，单片机应用系统可分为最小应用系统和典型应用系统。

（1）最小应用系统：最小应用系统具有能维持单片机运行的最简单的配置，结构简单，成本低廉，常用来构成简单的控制系统，如开关量的输入、输出控制。对于有片内存储器的单片机，系统配置为单片机 + 晶振 + 复位电路 + 电源；对于无片内存储器的单片机，还应外接 EPROM 或 EEPROM 作为程序存储器使用。

（2）典型应用系统：典型应用系统是指单片机为完成工业测控功能所必须具备的硬件结构系统，应具有传感检测通道、伺服驱动控制通道、人机对话系统及 I/O 通道等，包括系统配置和系统扩展两大部分。

系统配置是指为满足系统需要配置的基本外部设备，如键盘、显示器等；系统扩展是指当单片机中的片内 ROM、RAM 及 VO 口等不能满足系统需求时应在片外进行适当的扩展。对于 MCS-51 单片机，用于 ROM 扩展的 EPROM 芯片有 2716（2KB）、2732（4KB）、2764（8KB）、27128（16KB）、27256（32KB）、27512（64KB）；EEPROM 芯片有 2816（2KB）、2816A（2KB）、2817（2KB）、2817A（2KB）、2864A（8KB）等。用于 RAM 扩展的静态 RAM 芯片有 6116（2KB）、6264（8KB）、62256（32KB）等。用于 I/O 口扩展的芯片有 8255A 等。

车床数控化改造控制系统的原理：由于 MCS-51 单片机本身资源有限，

故扩展一片 EPROM 芯片 27512 用作程序存储器，以存放系统底层程序；扩展一片 SRAM 芯片 6264 用作数据存储器，以存放用户程序；I/O 口的扩展选择了一片 8255A 芯片；选用 8279 芯片进行键盘与 LED 显示的管理；借助于 DAC0832 芯片进行模拟电压的输出；与个人计算机之间的串行通信通过 MAX233 芯片完成。另外，8255A 的一些 I/O 通道做了光电隔离与放大。

二、可编程序控制器

(一)可编程序控制器(PLC)概述

可编程序控制器(PLC)是以微处理器为基础，综合计算机技术、自动控制技术和通信技术而于 20 世纪 60 年代发展起来的工业自动控制装置。它体积小，抗干扰能力强，运行可靠，功能齐全，运算能力强，编程简单直观，目前在工业控制中正逐步取代传统的继电接触器逻辑控制系统、模拟控制系统及用小型机实现的直接数字控制系统，已广泛应用于钢铁、石油、化工、电力、建材、机械制造、汽车、轻纺、交通运输、环保、水处理及文化娱乐等各个行业。

早期的 PLC 是为了替代传统的继电接触器逻辑顺序控制而设计的，因此英文全称为 Programmable Logic Controller，中文译为"可编程序逻辑控制器"。随着技术的不断进步，PLC 的控制功能已远远超出逻辑控制的范畴，故改其名为"可编程序控制器"(Programmable Controller，PC)。但是为避免与个人计算机(Personal Computer，PC)的英文缩写产生混淆，人们仍倾向于使用 PLC 这一简称。

国际电工委员会(IEC)颁布的 PLC 标准草案对 PLC 的定义为"可编程序控制器是一种数字运算操作的电子系统，专为工业环境下应用而设计。它采用可编程序的存储器，用来在其内部存储执行逻辑运算、顺序控制、定时、计数和算术运算等操作的指令，并通过数字或模拟式的输入和输出，控制各种类型的机械或生产过程。可编程序控制器及其设备，都按易于与工业控制系统联成一体，易于扩充其功能的原则设计"。这一定义突出指出，PLC 直接应用于工业环境，因此具有很强的抗干扰能力及环境适应性。

世界上的 PLC 生产厂家有 200 多家，但是大型、中型、小型乃至微型产品均能生产的并不多。目前较有影响力、在我国市场占有较大份额的国外公司及其产品为：德国西门子公司，有 S5 系列和 S7 系列，其中，S7 系列是 1996 年推出的，其性能比 S5 系列有很大提高，包括 S7-200PLC（小型机）、S7-300PLC（中型机）及 S7-400PLC（大型机）；日本欧姆龙公司，其产品涉及大、中、小、微型 PLC，尤其在中、小、微型 PLC 方面更具特长，如 C200H（中型机）、C20P（微型机）；美国 CE 公司，有 90-70 系列、90-30 系列（中型机）、90-20 系列（小型机）；美国莫迪康公司，其 984 机很有名，在 984-785 至 984-120 之间共有 20 多个型号，最新的高端产品为昆腾 140 系列；美国 AB 公司，其典型产品为 PLC-5 系列、SLC-500 系列，以及 microLogix PLC（小型机）、CompactLogix PLC（中型机）和 ControlLogix PLC（大型机）；日本三菱公司，其典型产品为以 FX 系列为代表的小型机系列，以及包括 A 系列、Q 系列和 L 系列的中大型机系列；日本日立公司，其产品包括 H 系列、E 系列及 EC 系列；日本松下公司，其典型产品包括 FP 系列、FP-X 系列；日本富士公司，包括 N 系列（NB 为箱体式，NS 为模块式）和 SPE 系列等。国内 PLC 厂家规模普遍不大，包括中国科学院自动化研究所（PLC-0088）等。

（二）PLC 的主要特点

PLC 应用了微机技术又面向工业现场控制，其特点主要体现在以下方面。

（1）高柔性：当系统和被控对象发生变化时，不需要改变线路接线，只需相应改变 I/O 接口与被控对象之间的连线，最主要是通过程序修改便可形成一个新的控制系统以满足新的控制要求，因而控制的灵活性和通用性大为增强。

（2）高度可靠性：PLC 专为工业环境下的应用而设计，抗干扰能力强，平均无故障时间（（MTBF）一般为 5～10 年，因此是一种高度可靠的工业产品，在工业现场可直接使用。

（3）功能完善：具有数字输入/输出、模拟输入/输出、逻辑运算、算术运算、定时控制、计数控制、顺序（步进）控制、PID 调节、A/D 和 D/A 转换、通信、人机对话、自诊断等功能。不但适用于开关量控制系统，而且可用于连续流程控制系统。

（4）易于编程：PLC 的编程语言有梯形图（LAD）、语句表（STL）和顺序功能图（SFC）等，其中梯形图和语句表最为常用。梯形图是一种图形语言，从传统的继电接触器控制的电气原理图演变而来，现场技术人员无须具备许多的计算机知识便可在较短时间内理解和掌握，几乎所有的 PLC 都把梯形图作为编程的第一语言。语句表是类似于汇编语言的形式，通过指令助记符来编程。

（5）采用模块化结构，扩展方便：用户可将各种 AI、AO、DI、DO、电源、CPU、通信等模板像搭积木一样进行任意组合，以满足各种工业控制的需要。当系统需要扩展（如增加新设备或新控制点）时，只需接入空闲通道或在预留槽位上插入模板，进行简单的连接和组态即可实现。

（6）维护方便：PLC 具有完善的自诊断功能，各模板均有状态指示，如 VO 模板各通道均有输入 / 输出状态指示，CPU 模板有 RUN、STOP、FORCE 状态，以及编程故障、电池电压低等状态指示。另外，在线监控软件功能很强，便于维护，可以在发生故障时很快查找出故障原因。

（三）PLC 的硬件构成

（1）中央处理器（CPU）：CPU 是 PLC 的核心，其主要任务是按系统程序的要求，接收并存储由编程器输入的用户程序和数据；以扫描的方式接收现场输入设备的状态和数据；PLC 进入运行状态后，从存储器中逐条读取用户程序；完成用户程序所规定的任务，产生相应的控制信号，实现输出控制。一般采用 16 位或 32 位单片机。

（2）存储器：PLC 的存储器分为 ROM 和 RAM 两种，主要用于存放程序、变量和各种参数。用户程序由编程器写入 PLC 的 RAM，若在调试中发现错误，可用编程器进行修改，无误后再将 RAM 中的程序写入 ROM。另外，PLC 的系统程序，如监控程序、命令解释程序、管理程序、键盘输入处理程序等一般固化在 ROM 中。常用的 ROM 有 EPROM、EEPROM 和 FEPROM。EPROM 为可擦除可编程只读存储器，只能用紫外线擦除；EEPROM 和 FEPROM 为电可擦除可编程只读存储器，其区别在于 EEPROM 按字节擦除，虽然灵活但复杂，导致成本提高、可靠性降低；FEPROM 可实现整片一次性擦除，适用于大数据量的更新。常用的 S7-200 PLC 采用 EE-

PROM，S7-300 和 S7-400 PLC 采用的是 FEPROM。

（3）I/O 单元：I/O 单元是 PLC 与工业现场信号联系并完成电平转换的桥梁，小型 PLC 的 I/O 接口集成在基本单元中，而中、大型 PLC 的 I/O 单元则做成模块，包括数字量 I/O 模块、模拟量 I/O 模块，以及通信模块、智能模块等。

（4）电源：PLC 的电源用于将外部交流电源转换成供 CPU、存储器、I/O 接口电路等使用的直流电源，以保证 PLC 正常工作。有的 PLC 还能向外部提供 24V 直流电源，为输入单元所连接的外部开关或传感器供电。电源有多种形式，对于箱体式 PLC，电源一般封装在基本单元的机壳内部；对于模块式 PLC，则采用独立的电源模块。此外，还可以采用锂电池作为备用电源，以保证在外部供电中断时 PLC 内部信息不会丢失。

（5）编程器：编程器是 PLC 常用的人机对话工具，用来输入程序、调试和修改程序。常见的为手持式编程器，当然也可以利用个人计算机作为编程器，但是需要在个人计算机中安装相应的编程软件，PLC 通过通信电缆与个人计算机的串行口相连。

（四）PLC 的工作方式及基本工作过程

PLC 采用周期性循环扫描的工作方式。一般而言，PLC 的工作过程可分成三个阶段，即输入采样、程序执行和输出刷新。在输入采样阶段，PLC 对各个输入端进行扫描，并顺序读入所有输入端的状态（ON/OFF）。在输入采样结束后，便转入程序执行阶段。PLC 程序执行是从第一条指令开始，按先左后右、先上后下的顺序对每条指令进行扫描，直到最后一条指令结束。PLC 根据输入状态和指令内容进行逻辑运算。输出刷新阶段则是在所有指令执行完毕后，根据逻辑运算的结果向各输出端发出相应的控制信号，以驱动被控设备，实现所要求的控制功能。

为了提高工作的可靠性，及时接收外来的控制命令，PLC 的工作过程还应包括自诊断和通信两个阶段，以完成各 I/O 接口、存储器和 CPU 等部分的故障自诊断，以及 PLC 与编程器或上位机之间的通信。PLC 在工作期间按"自诊断→通信→输入采样→程序执行→输出刷新→自诊断→……"的方式循环往复地不断执行，从而实现对生产过程或机械设备的连续控制，直至接收到停机命令才停止运行。上述工作过程每执行一遍所需的时间称为扫描周期，PLC 的扫描周期一般为几十毫秒，完全可以满足一般工业控制的需要。

（五）PLC 的性能指标

（1）I/O 点数：I/O 点数是指 PLC 外部 I/O 端子数的总和，也是指 PLC 可以接收的输入和输出的控制信号的总和。I/O 点数越大，PLC 可连接的外部输入和输出设备就越多，控制规模也就越大。

（2）存储容量：存储容量是指用户程序存储器的容量，它决定了 PLC 所能存放的用户程序的大小。存储容量越大，则可存放越复杂的控制程序。

（3）扫描速度：扫描速度是指 PLC 执行用户程序的速度。PLC 用户手册一般都会给出执行各条指令所用的时间。扫描速度的快慢直接影响了用户程序执行时间，进而影响 PLC 的扫描周期。

（4）编程指令的功能和数量：PLC 编程指令功能越强，数量越多，则 PLC 的处理能力和控制能力越强，程序编制越简单和方便，越易于完成复杂的控制任务。

（5）内部元件的种类和数量：在 PLC 编程时，常常需要使用内部元件来存放变量状态、中间结果、定时器和计数器的预设值和当前值，以及各种标志位等信息。内部元件的种类和数量越多，表示 PLC 存储和处理各种信息的能力越强。

（6）特殊功能模块的种类和数量：近年来，各 PLC 制造商都非常重视特殊功能模块的开发。特殊功能模块种类越多，功能越强，则 PLC 的控制功能就越强大。

（7）可扩展能力：在进行 PLC 控制系统设计时，通常需要考虑 PLC 的可扩展能力，包括 I/O 点数的扩展、存储容量的扩展、网络功能的扩展及各种功能模块的扩展等。

（六）PLC 的选择

（1）机型选择：可根据系统的控制规模来选择合适规模的 PLC，即小型机（I/O 点数小于 256）、中型机（I/O 点数为 256～2048）或大型机（I/O 点数大于2048）；可结合工艺过程是否固定及是否对扩展灵活性有要求等情况选择合适结构形式的PLC，即整体式（CPU、存储器、I/O接口、电源等PLC基本组成部分均封装在一个标准机箱中）或模块式（PLC的各个组成部分均制成外形尺寸统一的插件式模块，并组装在具有标准尺寸的机架中）。

（2）容量选择：容量选择包括PLC中的I/O点数选择和用户存储器的存储容量选择。在实际I/O点数的基础上加出10%~20%的裕量，便可得出PLC的I/O点数。存储容量的大小与PLC的I/O点数、编程人员的编程水平，以及有无通信要求、通信的数据量等因素有关，可以利用以下方法进行粗略估算：开关量所需内存容量＝开关量点数×10，模拟量所需内存容量＝模拟量点数×100（只有模拟量输入），或者模拟量点数×200（既有模拟量输入，又有模拟量输出），通信处理所需内存容量＝通信接口数×200。最后，还应在上述估算容量的基础上留有25%的裕量，对于有经验的编程人员则可适当少留一些裕量。

（3）I/O模块的选择：输入模块的选择主要考虑模块的电压等级和同时接通的点数等，而输出模块的选择主要考虑模块的输出方式、输出电压、输出电流和同时接通的点数等。

（4）电源模块选择：电源模块的选择主要考虑模块的额定输出电流必须大于CPU模块及扩展模块等消耗电流的总和。对于整体式PLC，由于电源部件和CPU集成在一起，因此在选择CPU模块时应考虑所提供的电源能否满足本机I/O及扩展模块的需求。

（5）功能模块的选择：功能模块的选择应根据控制系统的功能需求，相应选择特殊功能模块，如通信模块和定位控制模块等。

（七）PLC外电路的设计

PLC外电路是指外部I/O设备与I/O端子间的连接电路，以及外部供电电路、照明电路、控制柜内电路等。在PLC控制系统设计中，除PLC机型选择及I/O模板、功能模块选择外，外电路设计也是十分重要的内容，将直接影响整个系统的可靠性。

（1）配套低压电器的选用：在选择PLC外电路的配套电器时应考虑以下方面。

一是采用可靠性高的低压电器。PLC 控制系统中大量使用接触器。为了保证在长期运转过程中不发生误动作，应严格按照标准来选择接触器。根据 IEC158-1 接触器标准的规定，交流接触器的通断能力为额定电流的 8~10 倍，机械寿命为 10 万次。

二是采用小型化的低压电器。应尽量采用小触点、通断能力强、强度高、寿命长、由高导磁性和优质灭弧材料制成的低压电器。

三是采用新型的低压电器。目前，市场上已推出各种新型接触器，如固态接触器、混合接触器和真空接触器等，这些接触器虽然价格较贵，但是可以克服普通电磁式交流接触器的固有缺点，因而可大大提高工作可靠性，延长使用寿命。

四是采用导轨式安装形式。低压电器的安装方式主要有两种，一种是导轨安装，另一种是用螺栓固定。应尽可能采用导轨式低压电器，因为其安装和更换都十分方便，有利于迅速排除故障。

（2）中间继电器的配置：虽然 PLC 可以利用内部元件来代替继电接触器控制中的中间继电器，但是在有些情况下，系统中还是应配置中间继电器，例如，连接手动电路及紧急停车电路等须防备系统发生异常状况的场合；配线距离长或与高噪声源设备相连而容易产生干扰的场合。除了 PLC 以外，其他控制线路也要使用某信号的场合；大负载频繁通断的场合等。

（3）熔断器的使用：使用熔断器的目的是当输出端负载超过其额定电流或发生短路时，保证受保护电器不被烧毁。尤其是当外电路接入感性负载时，一定要接入熔断器。接入的负载不同，熔断器容量也有所不同。对于继电器感性负载，通常选用 2A 的熔断器。一般是一个线圈接入一个熔断器，但有时为了简化结构，常将几个线圈相并联后再接入一个熔断器。此时，该熔断器的容量要大于每个线圈单独接入熔断器时各熔断器的容量总和。

（4）互锁触点的处理：PLC 控制对于互锁有三种处理方法：软件法（在程序中实现互锁）、硬件法（将互锁触点接入外接电路）及软硬件结合法。在可靠性要求较高的情况下，PLC 控制通常采用第三种方法。

（5）限位开关的使用：对于机床工作台等移动部件，除需在工作行程的终端位置安装行程开关，还应在开关之外的极限位置设置限位开关，并接入外电路直接控制设备，这样可避免软件失灵导致的工作台超行程事故。

三、工控机

个人计算机是为商业和办公应用而设计的，如果直接应用于工业控制领域将表现出许多不足，如抗冲击和抗震动能力差，难以适应恶劣的工业环境等。工控机是工业控制计算机（Industrial Personal Computer，IPC）的简称，是在工业环境下应用、专为适应工业要求而设计的计算机，它处理来自传感装置的输入信号，并把处理结果输出到执行机构去控制生产过程，同时对生产过程实施监督和管理。由于工控机选用的 CPU 及元器件的档次较高，结构经过强化处理，因此由其组成的控制系统的性能远远高于单片机及普通个人计算机所组成的控制系统，但系统的成本也较高，适用于需进行大量数据处理、可靠性要求高的大型工业测控系统。

（一）工控机的特点

与商用个人计算机相比，工控机具有以下优点。

（1）可靠性高：工控机能在粉尘、烟雾、高温、潮湿、震动、腐蚀的环境下可靠工作，其平均维修时间（MTTR）一般为 5min、平均失效前时间（MTTF）可达 10 万 h 以上，而普通个人计算机的 MTTF 仅为 10000 ~ 15000h。

（2）实时性好：工控机可对工业生产过程进行实时在线检测与控制，对工况变化能够做出快速响应，并及时进行信息采集和输出调节。

（3）具有自复位功能：工控机具有"看门狗"功能，能在系统因故障死机时，无须人工干预而自动复位，保证系统正常运行，这一功能是普通个人计算机所不具备的。

（4）可扩展性好：工控机采用多插槽无源底板结构，可插入 CPU 板及 I/O 板等各种功能模板，并且最多可扩展几十块板卡，因此系统可扩展性好，具有很强的输入 / 输出功能，能与工业现场的各种外设相连，以完成各种任务。

（5）开放性和兼容性好：工控机能同时利用 ISA 和 PCI 等资源，支持各种操作系统、多种编程语言、多任务操作系统，能吸收商用个人计算机的全部功能，可充分利用商用个人计算机的各种软件和硬件资源。

虽然与商用个人计算机相比工控机具有许多优势，但是也存在非常明显的劣势，如配置硬盘容量小、数据安全性低、存储选择性小、价格较高等。

（二）工控机的主要结构

工控机的主要结构包括全钢机箱、无源总线底板、工业电源、主板，以及键盘、鼠标、显示器、光驱、软驱、硬盘、显卡等附件。

（1）全钢机箱：工控机采用符合 EIA 标准的全钢结构工业机箱，增强了抗电磁干扰能力，而且机箱密封并加正压进行送风散热，具有较高的防磁、防尘、抗冲击的能力，能很好地解决工业现场存在的电磁干扰、灰尘、震动、散热等问题。工控机支持 19in（1in=25.4mm）上架标准，机箱平面尺寸统一，可集中安装在立式标准控制柜中，占用空间小，便于安装和管理。

（2）无源总线底板：工控机的无源总线底板一般以总线结构（如 PC 总线、STD 总线）设计成多插槽形式，可插接各种板卡，包括 CPU 卡、显示卡、控制卡、I/O 卡等。所有的电子组件均采用模块化设计，因此 CPU 及各功能模块均通过总线挂接在底板上，并带有压杆进行软锁定，以防止震动引起的接触不良，从而提高了抗冲击和抗震动能力。底板的插槽由多个 ISA 和 PCI 总线插槽组成，ISA 或 PCI 插槽的数量和位置根据需要作出选择。工控机采用无源总线底板结构而非商用个人计算机的大板结构，不但可以提高系统的可扩展性，方便系统升级，而且当故障发生时，查错过程简化，板卡更换方便，快速修复时间短，使得整个系统更加有效。

（3）工业电源：工控机配有高度可靠的工业电源，可抗电网浪涌和尖峰干扰，平均无故障运行时间达到 250000h。

（4）主板：主板由 CPU、存储器及 I/O 接口等组成，芯片采用工业级芯片，并且采用一体化主板，易于更换和升级。工控机主板设计独特，无故障运行时间长，装有"看门狗"计时器，能在系统出现故障时迅速报警，并在无人干预的情况下使系统自动恢复运行。

（三）工控机常用总线

（1）PC/XT 总线：PC/XT 总线是 IBM 公司在 PC/XT 个人计算机上采用的系统总线，是最早的 PC 总线结构，也称为 PC 总线。由于是针对 8 位

Intel 8088 微处理器设计的，因此它只支持 8 位数据传输和 20 位寻址空间。这种总线具有价格低、可靠、简便、使用灵活、对插板兼容性好等特点，因此许多厂家的产品都与之兼容，品种范围非常广泛。早期的 PC/XT 总线产品主要用于办公自动化，后来很快扩大到实验室或工业环境下的数据采集和控制。

（2）ISA：工业标准体系结构（Industry Standard Architecture，ISA）总线是 IBM 公司于 1984 年为 PC/AT 计算机（采用 80286 CPU）制定的总线标准，为 16 位体系结构，也称为 AT 总线。为了充分发挥 80286 的优良性能，同时最大限度地保证与 PC/XT 总线兼容，ISA 保留了 PC/XT 总线的 62 个引脚信号，并增加了一个 36 引脚的扩展插槽，从而将数据总线由 8 位扩展到 16 位，地址总线由 20 位扩展到 24 位，而中断数目增加了 6 个，并提供了中断共享功能，DMA 通道也由 4 个扩展到 8 个。因此，与 PC/XT 总线相比，ISA 总线不仅增加了数据宽度和寻址空间，而且增强了中断处理和 DMA 传输能力，并且具备了一定的多主控功能，因此特别适合于控制外设和进行数据通信的功能模块。

（3）EISA 总线：扩展工业标准体系结构（Extended Industry Standard Architecture，EISA）总线是由 COMPAQ、HP、AST、EPSON 等 9 家公司组成的 EISA 集团专为 32 位 CPU 制定的总线扩展标准。作为 ISA 总线的扩展，EISA 总线与之完全兼容。

EISA 总线是一种全 32 位总线结构，因此可以处理比 ISA 总线更多的引脚。其插槽为双层设计，上层与 ISA 卡相连，下层则与 EISA 卡相连。它保持了与 ISA 总线兼容的 8mHz 工作频率，且由于支持突发式数据传送方法，因此可以以三倍于 ISA 总线的速度传输数据。

（4）PCI 总线：外围部件互连（Peripheral Component Interconnect，PCI）的概念一经 Intel 公司首次提出，便得到 IBM、COMPAQ、AST、HP 和 DEC 等 100 多家公司的响应，并于 1993 年正式推出 PCI 总线。作为一种先进的局部总线，PCI 已成为局部总线的新标准，是目前应用最广泛的总线结构。PCI 总线主板插槽的体积较原 ISA 总线插槽要小，但其功能却较 ISA 有较大改善，支持突发读写操作，可同时支持多达 10 个的外围设备。为了解决 PCI 总线的瓶颈问题，又出现了改进的 PCI 总线（PCI-X），它能通过增加

CPU 与打印机、网卡等外围设备之间的数据流量来提高计算机的性能。

PCI 定义了 32 位数据总线，并且可以扩展至 64 位。总线时钟频率一般有 33MHz 和 66MHz 两种。目前流行的是 32bit@33MHz，数据传输速率达 132MB/s。而对于 PCI-X，则最高可达 64bit@133MHz，这样就可以得到超过 1GB/s 的数据传输速率。

PCI 总线是一种不依附于某个具体处理器的总线。从结构上看，它是在 ISA 总线和 CPU 总线之间增加了一级总线，由 PCI 局部总线控制器（或称为"桥"）相连接。由于独立于 CPU，PCI 总线与 CPU 及其时钟频率无关，因而使高性能 CPU 的功能得以充分发挥。网络适配卡、图形卡、硬盘控制器等高速外设可以通过 PCI 挂接到 CPU 总线上，使之与高速的 CPU 总线相匹配，而不必担心在不同的时钟频率下性能会下降。PCI 总线可与各种 CPU 完全兼容，允许用户随意增加多种外设，并在高时钟频率下保持最高传输速率。

桥是一个总线转换部件，用来连接两条总线，使总线间相互通信。在 PCI 规范中，提出了三种桥的设计：主桥（CPU 至 PCI 的桥）、标准总线桥（PCI 至 ISA、EISA 等标准总线的桥）和 PCI 桥（PCI 与 PCI 之间的桥）。其中，主桥称为北桥，其余的桥皆称为南桥。

PCI 支持总线主控技术，允许智能设备在需要时取得总线控制权，以加速数据传送。PCI 总线具有明确而严格的规范，保证了良好的兼容性和可扩展性（利用 PCI 桥可实现无限扩展）。另外，PCI 的严格时序及灵活的自动配置能力使之成为通用的 I/O 部件标准，故广泛应用于多种平台和体系结构中。

（5）STD 总线：STD 总线（Standard Data Bus）是在 1978 年由美国 Pro-Log 公司首次推出的，1987 年被批准为国际标准 IEEE 961。STD 总线是面向工业应用而设计的，主要用于以微型计算机为核心的工业测控领域，如工业机器人、数控机床、数据采集系统、仪器仪表等。

由于对 8 位微处理器有较好的支持，STD 总线在 20 世纪 80 年代前后风行一时。随着 32 位微处理器的出现，通过附加系统总线与局部总线的转换技术，1989 年美国 EAITTECH 公司又推出了对 32 位微处理器兼容的 STD32 总线标准，且与原来的 8 位总线 I/O 模板兼容。

STD 总线采用底板总线结构，即在一块底板上并行布置数据总线、地址总线、控制总线和电源线。底板上安装若干个 56 引脚的插槽，56 个引脚分别与底板上的 56 条信号线相连。底板因其上只有总线而无其他元器件，故称为"无源底板"。凡是符合 STD 总线规范的模板（如 CPU、A/D 板、I/O 板等）均可直接挂接在底板上。

STD 总线是 56 根信号线的并行底板总线。在其 56 根信号线中，有数据总线 8 根（引脚 7 ~ 14）、地址总线 16 根（引脚 15 ~ 30）、控制总线 22 根（引脚 31 ~ 52）、电源线 10 根，其中电源线又包括逻辑电源线 6 根（引脚 1 ~ 6）和辅助电源线 4 根（引脚 53 ~ 56）。

第四节　常用控制策略

一、PID 控制

PID（Proportion Integration Differentiation）控制也称为 PID 调节，是比例积分微分控制的简称，具有技术成熟、适应性强、调整方便等优点，在机电一体化系统中被广泛地应用。PID 控制器结构简单，稳定性好，工作可靠。机电一体化系统的参数经常发生变化，控制对象的精确数学模型难以建立，所以通常采用 PID 控制，依靠经验和现场调试情况对控制器的结构和参数进行整定，往往能够获得满意的控制效果。随着计算机技术的发展，在传统 PID 控制的基础上又派生出了基于计算机技术的数字 PID 控制及许多改进的 PID 控制算法。

在微分控制中，控制的输出与输入偏差信号的变化速度成一定比例，而与偏差大小和偏差是否存在无关，故不能消除稳态误差。其效果是阻止被调参数的一切变化，具有超前调节作用，而且对大滞后的对象具有很好的控制效果，这是因为微分作用的输出只能反映输入偏差信号的变化速度，而对于一个固定不变的偏差，即使其数值很大，微分控制也不会起作用。另外，微分作用只在动态过程中有效，也就是说它只能在偏差刚刚出现的时刻产生一个较大的调节作用，所以微分控制作用一般不单独使用，必须与其他控制作用相结合。其优点是可以减小超调量，克服振荡，使系统的稳定性得到提高，同时加快系统的动态响应速度，减小调节时间，从而改善系统的动态性能。还应注意的是，如果存在噪声，噪声的快速变化会导致输出信号的产生，而微分控制器会将该输出信号视作快速变化的偏差信号，从而使控制器的输出信号显著提高。

在偏差出现的瞬间，PD 控制器立即输出一个很大的阶跃信号，然后按指数规律下降，直至最后微分作用完全消失，变成一个单纯的比例调节。由此可见，因为控制器具有微分控制作用，所以其初始输出信号能够快速变化，又因为控制器具有比例控制作用，所以控制输出信号会逐渐发生变化。因此，PD 控制适于处理快速变化的过程。比例积分微分（PID）控制 PI 调节作用快，可以消除稳态误差，因而得到了广泛应用。但当被控对象具有较大惯性时，则无法得到良好的调节品质。这时加入微分控制作用（构成 PID 控制），在偏差刚刚出现且数值不是很大时，就根据偏差变化的速度，提前给出较大的调节作用，使偏差尽快消除。由于调节及时，PID 控制可以大大减小系统的动态偏差及调节时间，从而使过程的动态品质得到改善。PID 控制是比较理想的控制策略，它将比例控制、积分控制、微分控制三种调节作用组合在一起，既具有比例控制快速响应的优势，又兼具积分控制可消除稳态误差，以及微分控制可实现超前校正的功能。在调节初期，首先是微分控制和比例控制起作用，微分控制抑制偏差的变化幅度和变化速度，比例控制则快速消除偏差；在调节后期，积分控制起作用，逐渐消除稳态误差。因此，PID 控制无论从稳态还是动态的角度，调节品质均得到改善，从而成为一种应用最广泛的控制方法。但由于 PID 控制中包含微分作用，因此要求快速响应或噪声较大的系统不宜使用。

二、模糊控制

按偏差的比例、积分和微分实现调节的 PID 控制是发展较为成熟且在过程控制中应用最广泛的一种控制策略，针对相当多的工业对象都能够取得比较令人满意的控制效果。但是在实际应用中也会受到一些限制，如 PID 控制要求被控系统的数学模型在整个控制过程中保持不变，并且必须给出各个组成部分精确的数学模型，以满足控制系统的性能要求。另外，PID 控制器只适用于固定参数的系统，而且当操作条件改变时，原本稳定的系统可能根本无法使用，尤其是对于非线性、大滞后、有随机干扰及难于建立数学模型的系统，PID 控制是失效的。但是熟练的操作人员却可以凭借丰富的经验对这类被控对象实施可靠的控制。如果将熟练工人的操作经验总结为若干条用语言描述的控制规则，并由计算机来执行，就能利用计算机来实现人的控制经验，这就是模糊控制的基本思想。

模糊控制器是模糊控制系统的核心组成部分。因此，在模糊控制系统中，模糊控制器的设计、仿真和调整是非常重要的内容。模糊控制器设计主要包括以下方面。

（1）确定模糊控制器的输入变量和输出变量，并进行预处理，使之隶属于不同的基本论域（变量的实际变化范围），模糊控制器的输入变量选取为偏差和偏差变化，输出变量 u 为控制量的变化。除此之外，模糊控制器的输入变量还可以是偏差变化的速率。

模糊控制器输入变量的个数称为模糊控制器的维数。一维模糊控制器主要用于一阶被控对象，其结构简单，但由于只有偏差一个输入变量，动态控制性能并不理想。从理论上讲，模糊控制器的维数越高，控制就越精细，但是过高的维数会使得模糊控制规则过于复杂，从而给控制算法的实现带来相当大的困难。由于二维模糊控制器同时考虑了偏差和偏差变化的影响，其性能一般优于一维模糊控制器，故二维控制结构在模糊控制器中最为常用。

（2）确定各个变量的模糊语言值及相应的隶属度或隶属函数，即进行模糊化。模糊语言在确定了模糊语言值后，要对所选取的模糊子集定义其隶属度或隶属函数。常用的隶属函数有三角波函数和正态分布函数等，具体选择时应在保证精度的前提下尽量简单化，尤其要避免隶属函数出现两个峰值。

（3）确定解模糊化方法，完成输出信息的模糊判决。模糊控制器的输出是一个模糊子集，它反映的是不同控制语言取值的一种组合。但是被控对象每次只能接收一个精确的控制量，而无法接收模糊控制量，这就需要由输出的模糊子集判决出一个确定数值的控制量输出。常用解模糊化方法有最大隶属度法、加权平均法和取中位数法等。

最大隶属度法是在要判决的模糊子集中取隶属度最大的元素作为控制量。如果隶属度最大点不唯一，则取它们的平均值或区间中点值。这种方法简单、易行、实时性好，但是仅关注于隶属度最大的元素，而完全排除了其他隶属度较小的元素的影响和作用，因而所概括的信息量较少。

三、神经网络控制

20世纪80年代后期，人们受到生物神经系统学习能力和并行机制的启发，开始模仿生物神经系统的活动，试图建立神经系统的数学模型，由此诞生了神经网络控制这一新型人工智能技术。目前，神经网络方面的研究越来越受到人们的重视，它已经越来越多地应用于解决诸如机器人控制、模式识别、专家系统、图像处理等问题，并且在机电一体化领域也显现出广阔的应用前景。

神经网络（Neural Network，NN）是由大量并且简单的神经元（neuron）广泛互联而形成的网络。神经元是对生物神经元的模拟和简化，是神经网络的基本处理单元。这些处理单元组成一种大量连接的并行分布式处理机，这种处理机可以通过学习，从外部环境中获取知识，并将知识分布存储在连接权中，而不是像计算机一样按地址存在特定的存储单元中。

(一) 神经网络的结构

神经元之间相互连接的方式决定了由它们组成的神经网络的拓扑结构和信号处理方式。目前，神经网络的模型有数十种，每种网络模型都有各自的特点，适用范围也各不相同，最典型的两种模型是前馈型神经网络和反馈型神经网络。

（1）前馈型神经网络又称为前向网络。在这种网络中，大量的神经元分层排列，有输入层、中间层和输出层。其中，输入层和输出层与外界相连；中间层可以有若干层，是网络的内部处理层，由于它们不直接与外部环境相作用，故也称为隐层。神经网络所具有的模式应变能力主要体现在隐层的神经元上。

在前馈型神经网络中，每一层的神经元（也称为节点）只接受前一层的输入，并输出到下一层，其间没有反馈过程。前馈型神经网络大多是学习网络，它一旦被训练，便有了固定的连接权值（weight），此时网络相应于给定输入形式的输出将是相同的，而不管网络以前的激活性如何，这就意味着前馈型神经网络缺乏丰富的动力学特性，因而网络中也就不存在稳定性的问题。常用的 BP（反向传播）网络就是一种典型的多层前馈神经网络。

（2）反馈型神经网络又称为递归网络，其中的各个神经元之间都可以相互连接，且某些神经元的输出信号可以反馈到自身或其他神经元中，因此反馈型神经网络是一种反馈动力学系统，其信号既能正向传播，也能反向传播。Hopfield 神经网络是反馈型神经网络中最简单、应用也最为普遍的一种模型。

（二）神经网络的学习

自学习能力是神经网络的重要特征之一，神经网络通过对样本的学习来不断地调整神经元之间的连接强度（连接权值），使其收敛于某一个稳定的权值分布，以达到处理实际问题的需要。

目前，神经网络的学习方法有很多种，按有无导师可以分为有导师学习和无导师学习。有导师的学习方式是将导师样本加入神经网络，并不断地将网络输出与导师样本产生的期望输出进行比较，然后根据两者之间的差异来调整网络的权值，不断地减小差异，直到权值收敛于某一个稳定的权值分布。因此，有导师学习需要有导师来提供期望或目标输出信号。而无导师学习则无须知道期望输出，在训练过程中，只要向神经网络提供输入模式，网络就会按照一定的规则自主调整权值，故具有自组织能力。

（三）BP 神经网络

BP（Back Propagation）网络即反向传播网络，是应用最为广泛的神经网络。该网络的各层均由神经元独立组成，每个神经元都是一个处理机，用来完成对信息的简单加工，层与层之间由一组"权"连接，每一个连接权都用来存储一定的信息，并提供信息通道。BP 网络所用的学习算法即为 BP 算法。BP 算法是一种监督式学习算法。对于 n 个输入学习样本及与之对应的 n 个输出样本，BP 算法的学习目的是用网络的实际输出与目标输出之间的误差来修正其权值，通过连续不断地在相对误差函数斜率下降的方向上计算网络权值和误差的变化，使网络的输出值逐步逼近期望值。

BP 算法的学习过程包含信息的正向传播和误差的反向传播两个过程。在正向传播过程中，信息由输入层输入，经过中间层逐层计算传向输出层输出。每一个神经元的输出又会成为下一个神经元的一个输入，而且每一层神经元的状态只会影响下一层神经元的状态。如果输出层得到了期望输出，则学习算法结束；否则，将计算网络输出与期望输出之间的误差值，然后进行反向传播，也就是通过网络将误差信号沿原来的连接通路反传回去，修改各层神经元的权值，直至实际输出与期望输出之间的误差达到最小。BP 算法推导清晰，学习精度高，是神经网络训练最多、最为成熟的算法之一。

（四）神经网络的特点

神经网络的基本思想是从仿生学的角度出发，模拟人的神经系统的运作方式，使机器如人的大脑一样具有感知、学习和推理能力。归纳起来，神经网络具有以下特点。

（1）并行分布处理：对于神经网络，信息分布存储在网络的各个神经元及其连接权中，这种高度并行的结构和并行分布式的信息处理方式使其具有很强的容错性、鲁棒性及快速处理能力，特别适于实时控制和动态控制。

（2）非线性映射：从本质上讲，神经网络是非线性系统，能够充分接近任意复杂的非线性关系。目前应用最多的神经网络模型是多层（层数 ≥ 3）反向传播网络，它由大量非线性神经元组成，可以映射任何非线性规律，为解决非线性控制问题带来方便。

（3）在线学习和泛化能力：神经网络具有通过训练进行学习的能力。利用所研究系统过去的数据样本对网络进行训练，接受适当训练的网络可以有泛化能力，即当输入信号中出现了训练中未经历的数据时，网络也能够进行辨识，从而归纳出全部的数据。因此，神经网络能够解决那些数学模型或描述规则难以处理的控制过程问题。

（4）适应性与集成性：神经网络能适应在线运行，并能同时进行定量和定性操作。由于具有很强的适应能力和信息融合能力，在网络运行过程中可以同时输入大量不同的控制信号，神经网络能够解决输入信号间的互补和冗余问题，并实现信息集成和融合处理。这些特性特别适用于复杂、多变量的大规模控制系统。

（5）易于实现：神经网络不但可以通过软件而且可以通过硬件来实现并行处理。近年来，实现神经网络处理能力的大规模集成电路已经问世，使神经网络的运算速度有了进一步的提高，网络实现的规模也明显增大，从而使得神经网络成为实用、快速和大规模的处理方法。

值得注意的是，神经网络也有其自身的局限性，主要表现：①学习速度慢，即使比较简单的问题也需要经过几百次甚至上千次的学习才能收敛，较长的训练过程限制了神经网络在实时控制中的应用；②目标函数存在局部极小点问题，造成网络的局部收敛，影响系统的控制精度；③理想的训练样本提取比较困难，会影响网络的训练速度和训练质量；④网络结构不易优化，特别是网络中间层的层数及节点数的选取尚无理论指导，而是根据经验确定，具有一定的盲目性，因此，网络往往有很大的冗余性，无形之中也增加了网络的学习时间；⑤神经网络的学习、记忆具有不稳定性，一个训练完毕的 BP 网络，当给它提供新的记忆模式时，已有的连接权将被打乱，导致已记忆的学习模式的信息消失，于是必须将原来的学习模式连同新加入的学习模式一起重新进行训练；⑥各种神经网络模型的学习策略不同，还不能完全统一到一个完整的体系中，无法形成一个成熟完善的理论体系。因此，虽然神经网络具有许多独特的优势，但也并不能完全取代传统的控制技术，它们之间只能取长补短、相互补充。

第六章 机电一体化的断续控制技术

第一节 低压电器的基本知识

低压电器作为基本器件,广泛应用于输配电系统和电力拖动系统中。随着科学技术的迅猛发展,机电设备自动化程度不断提高,低压电器的使用范围也日益扩大,其品种规格不断增加,同时,电子技术也广泛应用于低压电器中,作为电气技术人员必须熟练掌握低压电器的相关知识,并能正确选用和维护低压电器。

一、低压电器的定义

凡是根据外界特定的信号或要求,自动或手动接通和断开电路,断续或连续地改变电路参数,实现对电路或非电对象的切换、控制、保护、检测及调节的电气设备均称为电器。而工作在交流额定电压1200V及以下,直流额定电压1500V及以下的电器称为低压电器。

二、低压电器的分类

(一) 按控制的对象和用途分类

按控制的对象和用途,低压电器可分为低压控制电器和低压配电电器两大类。低压控制电器包括接触器、继电器、电磁铁等,主要用于电力拖动与自动控制系统中。低压配电电器包括刀开关、组合开关、熔断器和断路器等,主要用于低压配电系统及动力设备中。

(二) 按低压电器的动作方式分类

按低压电器的动作方式,低压电器可分为自动切换电器和非自动切换电器两类。自动切换电器依靠电器本身参数的变化或外来信号的作用，自动完成接通或分断等动作，如接触器、继电器等。非自动切换电器依靠外力(如手控)直接操作来进行切换，如刀开关、主令电器等。

(三) 按低压电器的执行和结构分类

按低压电器的执行和结构，低压电器可分为有触点电器和无触点电器两类。有触点电器具有可分离的动触点和静触点。利用动、静触点的接触和分离来实现对电路的通断控制的电器叫有触点电器，如接触器、继电器、断路器等。无触点电器没有可分离的动、静触点。主要利用半导体元器件的开关效应来实现对电路的通断控制的电器叫无触点电器，如接近开关等。

(四) 按工作原理分类

按工作原理，低压电器可分为电磁式低压电器和非电量控制低压电器两类。电磁式低压电器根据电磁感应原理来工作，如交直流接触器及各种电磁式断路器等。非电量控制低压电器依靠外力或某种非电物理量的变化而动作，如刀开关、速度继电器等。

三、常用的低压电器

(一) 接触器

交流接触器早在20世纪20年代就已问世，当时为转动式的交流接触器，体积大、用料多。20世纪40年代出现了直动式交流接触器，为缩小体积、提高技术性能奠定了基础。当今世界科学技术的发展日新月异，晶闸管、微电脑等新型元器件层出不穷，但由于交直流接触器具有过载能力强、结构简单、价格低廉等突出的优点，不仅大量用于大规模的机械化、自动化生产过程，而且逐渐进入人们生活的各个领域。可以说，交直流接触器难以被别的任何产品所取代，而且工业自动化水平越高的国家，交直流接触器的作用也越显著。世界各国的交直流接触器的年产量与日俱增，如日本三菱电机公司每年生产的交直流接触器为3000万台，法国 TELEMECANIQUE 公司每年生产的交流接触器为1000万台。接触器按主触点通过的电流种类不同，可分为交流接触器和直流接触器两类。交流接触器的种类很多，下面以 CJ10 系列为例进行介绍。

1. 交流接触器

CJ10-20 型交流接触器主要由电磁机构、触点系统、灭弧装置及辅助部件四部分组成。

（1）电磁机构。电磁机构由线圈、铁心（静铁心）和衔铁组成，其作用是利用电磁线圈的通电或断电，使衔铁和铁心吸合或释放，从而带动动触点与静触点闭合或分断，来实现接通或断开电路的目的。

（2）触点系统。按通断能力划分，交流接触器的触点分为主触点和辅助触点。主触点用于通断电流较大的主电路，一般由三对常开触点组成；辅助触点用以通断电流较小的控制电路，通常由两对常开和两对常闭触点组成，起电气连锁或控制作用。

（3）灭弧装置。交流接触器中常用的灭弧装置因电流等级而异，容量较小的接触器常采用双断口桥形触点以利于灭弧，并在触点上方安装陶土灭弧罩。容量较大的接触器常采用纵缝灭弧罩和栅片灭弧装置。

（4）辅助部件及接线柱等。交流接触器的辅助部件包括作用弹簧、缓冲弹簧、触点压力弹簧、传动机构、底座。目前，国内常用的交流接触器主要有 CJ0、CJ10、CJ12、CJX1、CIX2、3TB、3TD、LG1-D 等系列，其中 CJ0、CJ10 系列得到了广泛使用，为早期全国统一设计产品。

2. 直流接触器

直流接触器适用于远距离频繁地接通和分断直流电路以及控制直流电动机。常用的有 CZ0 系列和 CZ18 系列。直流接触器主要由电磁系统、触点系统和灭弧装置三部分组成。

（1）电磁系统。直流接触器的电磁系统由线圈、静铁心和动铁心（衔铁）组成，具有绕棱角转动的拍合式电磁机构。

（2）触点系统。直流接触器的触点也有主、辅之分。由于主触点接通和断开的电流比较大，多采用滚动接触的指形触点，以延长触点的使用寿命。辅助触点的通断电流较小，多采用双断点桥式触点，并可有若干对。

（3）灭弧装置。直流接触器的主触点在分断较大直流电流时，会产生强烈的电弧，所以必须设置灭弧装置以迅速熄灭电弧。交流接触器触点间产生的电弧在自然过零时自动熄灭，而直流电弧因为不存在自然过零点，所以只能靠拉长电弧和冷却电弧来熄灭电弧。归纳起来说，直流接触器与交流接触器的不同之处主要表现在铁心结构、线圈形状、触点数量、灭弧方式以及吸力特性等方面。

3. 接触器的主要技术数据

接触器的主要技术数据有：接触器额定电压和额定电流、接触器线圈额定电压、主触点接通与分断能力、接触器机械寿命与电气寿命、接触器额定操作频率、接触器线圈的动作值等。

（1）额定电压。接触器的额定电压指的是主触点的额定电压。交流接触器主要有 220V、380V（500V）和 660V，直流接触器主要有 110V、220V 和 440V。

（2）额定电流。接触器的额定电流指的是主触点的额定工作电流，它是在额定电压、使用类别和操作频率一定的条件下规定的，目前常用的电流等级为 10～800A。

（3）电气寿命和机械寿命。电气寿命是指接触器带额定负荷的情况下能够动作的次数，机械寿命是指接触器不带负荷的情况下能够动作的次数。由于接触器是频繁操作的电器，所以要求它具备较高的电气和机械寿命。

（4）操作频率。操作频率指的是接触器每小时的操作次数，一般为 300 次／小时，600 次／小时，1200 次／小时几种。

（5）线圈的额定电压。交流有 36V，110V（127V），220V，380V，直流有 24V，48V，110V，220V，440V。其中交流 127V 属于淘汰等级。

（6）动作值。所谓动作值指的是接触器的吸合电压和释放电压。规定加在接触器线圈两端的吸合电压达到其额定电压的 85% 或以上时，衔铁应可靠地吸合；反之，如果线圈两端电压低于其额定电压的 70% 或突然消失时，衔铁就要可靠地释放。

4. 接触器常见故障及处理方法

接触器在长期使用过程中，由于自然磨损或使用不当，会产生故障而影响其正常工作。掌握接触器的常见故障处理办法可缩短电气设备的维修时间，提高生产效率。接触器的常见故障及处理方法如下：

（1）触点过热。造成触点发热的主要原因有触点接触压力不足，触点接触不良，通过动、静触点间的电流过大等。排除方法是减小负载或更换触点容量大的接触器，调整触点压力弹簧或更换新触点，清洗修整触点使其接触良好。

（2）触点磨损。触点磨损有两种，一种是电气磨损，是由于触点间电弧或电火花的高温使触点金属气化和蒸发造成的；另一种是机械磨损，是由于触点闭合时的撞击及触点表面的相对滑动摩擦等造成的。排除方法是当触点磨损至原厚度的 1/2 时，更换新触点。

（3）衔铁不释放。衔铁不释放的原因主要有：触点熔焊在一起、铁心剩磁太大、机械部分卡阻、铁心端面有油污等。排除方法是修理或更新触点，清理铁心端面，调整铁心的防剩磁间隙或更换铁心，消除机械卡阻现象。

（4）衔铁振动或噪声大。衔铁振动或噪声大的主要原因有短路环损坏，衔铁或铁心接触面上有尘垢、油污、灰尘等，或衔铁歪斜，电源电压偏低，可动部分机械卡阻或触点压力过大等。排除方法是更换短路环，清理或调整铁心端面，提高电源电压，调整可动部分及触点压力等。

（5）线圈过热或烧毁。线圈中流过的电流过大时，就会使线圈过热甚至烧毁。发生线圈电流过大的原因有线圈匝间短路、衔铁或铁心闭合时有间隙、电源电压过高或过低等。排除方法是更换线圈，修理调整铁心或更换、调整电源电压等。

（6）吸力不足。吸力不足一般是由于电源电压过低或波动太大，线圈额定电压大于电路实际工作电压，反作用弹簧力过大，可动部分卡阻，铁心歪斜等。排除方法是调整电源电压，更换线圈，使其电压值与电源电压匹配，调整反作用压力弹簧，调整可动部分及铁心。

（二）继电器

继电器是一种根据特定形式的输入信号而动作的自动控制电器。它与接触器不同，主要用于反应控制信号，其触点通常接在控制电路中。继电器的种类很多，分类方法也很多，常用的分类方法有：按输入量的物理性质分为电压继电器、电流继电器、功率继电器、时间继电器、温度继电器等；按动作原理分为电磁式继电器、感应式继电器、电动式继电器、热继电器、电子式继电器等；按动作时间分为快速继电器、延时继电器、一般继电器；按执行环节作用原理分为有触点继电器和无触点继电器；按用途分为电器控制系统用继电器、电力系统用继电器。

这里主要介绍电器控制系统用的电磁式（电压、电流、中间）继电器、时间继电器、热继电器和干簧继电器等。

1. 电压继电器

用来反映电压变化的继电器叫电压继电器。电压继电器的线圈为电压线圈，在使用时并联在电路中，其匝数多、导线细、阻抗大。

（1）过电压、欠电压和零电压继电器。根据实际应用的要求，电压继电器分为过电压继电器、欠电压继电器和零电压继电器。过电压继电器是在电压为额定电压的 105% ~ 120% 以上时动作（正常电压处于释放状态），常用的过电压继电器为 JT4-A 系列。零电压继电器是欠电压继电器的一种特殊形式，是指当继电器的端电压降至或接近零时才动作的电压继电器。欠电压继电器和零电压继电器在电路正常工作时，衔铁与铁心是吸合的，当电压降到额定电压的 40% ~ 70% 时，欠电压继电器的衔铁释放，当电压降低至额定电压的 10% ~ 25% 时，零电压继电器动作。

（2）电压继电器的选择。电压继电器的选择主要依据继电器的触点数目、线圈额定电压及继电器触点种类等进行。

2. 电流继电器

电流继电器的作用是反映电路中电流的变化，要将其线圈串联在被测电路中。电流继电器主要作为一种保护电器（如过载或短路保护、直流电机中励磁回路的欠流保护等），只是在某些特定场合中利用其对电流变化反应敏感的特点，执行一定的控制功能。电流继电器可分为过电流继电器和欠电流继电器。

（1）过电流继电器。过电流继电器主要用于电路的过电流保护。在电路正常工作时，过电流继电器不动作，当电流超过某一整定值时才动作。通常，交流过电流继电器的吸合电流 $I = (1.1 \sim 3.5) I_N$，直流过电流继电器的吸合电流 $I_O = (0.75 \sim 3) I_N$。

（2）欠电流继电器。当通过继电器的电流减小到低于其整定值时动作的继电器称为欠电流继电器。正常工作时，由于流过电磁线圈的负载电流大于继电器的吸合电流，所以衔铁处于吸合状态。当负载电流降低至继电器释放电流时，则衔铁释放，使触点动作。一般认为欠电流不需要保护，这是错误的，如直流电动机励磁回路断路或励磁电流过小，将会造成直流电动机飞车等事故。交流电路的欠电流一般不需要保护才是正确的。因此，在电器产品中有直流欠电流继电器而无交流欠电流继电器。欠电流继电器的动作电流为线圈额定电流的 30%～65%，释放电流为线圈额定电流的 10%～20%。

（3）电流继电器的选择。电流继电器的触点种类、数量、额定电流及复位方式应满足控制电路的要求，其中过电流继电器的整定值一般取电动机额定电流的 1.7～2 倍，频繁启动场合可取 2.25～2.5 倍。

3. 时间继电器

凡是在敏感元件获得信号后，执行元件要延迟一段时间才动作的电器叫作时间继电器。这里指的延时区别于一般电磁继电器从线圈得到电信号到触点闭合的固有动作时间。时间继电器种类很多，按动作原理分有电磁式、空气阻尼式、电动式和晶体管式等；按延时方式分为通电延时型和断电延时型两种。

（1）电磁式时间继电器。电磁式时间继电器结构简单、价格低廉、寿命长，但体积较大、延时时间较短且只能用于直流断电延时，常用产品有 JT3 和 JT8 系列。

（2）空气阻尼式时间继电器。空气阻尼式时间继电器又称气囊式时间继电器，是利用空气阻尼的原理获得延时的。根据触点延时的特点，可分为通电延时动作型和断电延时复位型两种。空气阻尼式时间继电器的优点是延时范围大（0.4～180s）、结构简单、寿命长、价格低，缺点是误差大、不能精确地整定延时值。因此，适合应用于延时精度要求不高的场合。

（3）电动式时间继电器。电动式时间继电器的延时精度高，延时可调范围大（由几分钟到几小时），但结构复杂、价格高。常用的产品有 JS11 系列，有通电延时型和断电延时型两种。目前，电动式时间继电器除 JS11 系列外，还有高精度电动式时间继电器 3PR 系列和 3PX 系列，其中 3PX 系列为密封型，安装方式有卡轨式、螺钉式和板面式三种。

（4）晶体管时间继电器。晶体管时间继电器也叫电子式时间继电器，它具有延时时间长、调节范围宽、精度高、消耗功率小、机械结构简单及寿命长等优点。其按结构形式分为阻容式和数字式两类，按延时方式分为通电延时型和断电延时型两类，按输出形式分为无触点式和有触点式两类。

（5）时间继电器的选用。对于延时要求不高的场合，一般选用空气阻尼式时间继电器；对于延时要求较高的场合，可选用电动式和电子式时间继电器。对于空气阻尼式时间继电器，其线圈电流种类和电压等级应与控制电路相同；对于电动式和电子式时间继电器，其电源的种类和电压等级应与控制电路相同。按控制电路要求选择通电延时型和断电延时型，以及触点延时形式和触点数量，同时还要考虑操作频率是否符合要求。

4. 热继电器

热继电器是利用流过继电器的电流所产生的热效应原理而动作的继电器，它主要用于电动机的过载保护、断相保护、电流不平衡运行的保护及其他电气设备发热状态的控制。

选用热继电器主要根据保护电动机的工作环境、启动情况、负载性质、工作制度及允许的过载能力等条件进行。以被保护电动机的工作制度为依据，对热继电器的选择原则分述如下：

（1）长期工作制时热继电器的选择。热继电器额定电流的选择与整定一般按略大于电动机的额定电流来，热元件的整定电流一般为电动机额定电流的 0.95 ~ 1.05 倍。热继电器结构形式的选择为：当电动机定子绕组为 Y 连接时，联结带断相保护和不带断相保护的热继电器均可实现对电动机断相保护；当电动机定子绕组为 △ 联结时，必须选用三相带断相保护的热继电器。

（2）反复短时工作制是热继电器的选择。当热继电器用于对反复短时工作制的电动机保护时，应考虑热继电器的允许操作频率。当电动机启动电流为 6 倍额定电流，启动时间为 1s，电动机满载工作，通电持续率为 60% 时，每小时允许操作次数最高不超过 40 次。对于频繁通断和正反转工作的电动机，不宜采用热继电器作过载保护，可选用埋入电动机绕组的电子式温度继电器来保护。

5. 其他类型继电器

（1）中间继电器。中间继电器实际上也是电压继电器，但要求返回系数较小，无须调整动作参数，只要零压可靠释放即可。因此，中间继电器没有调节弹簧的装置。其主要用途是用来增加控制电路中的信号数量或将信号放大，对于工作电流小于 5A 的电气控制电路，可用中间继电器取代接触器来控制。

（2）干（舌）簧继电器。舌簧继电器包括干簧继电器、水银湿式舌簧继电器和铁氧体剩磁式舌簧继电器。通常泛指的舌簧继电器就是指干簧继电器。干簧继电器的触点是密封的，舌簧片由铁镍合金做成，舌片的接触部分通常镀以贵金属如金、铑、钯等，接触良好，具有良好的导电性能。触点密封在充有惰性气体的玻璃管中，与外界气体隔绝，因而有效地防止了尘埃的污染，减小了触点的电腐蚀，提高了工作可靠性。干簧继电器由于结构简单、维修方便、寿命长、价格低廉、维修方便等，目前被广泛地应用在检测、计算技术、通信、自动控制等许多领域中。除以上介绍的继电器外，还有速度继电器、温度继电器、压力继电器、固态继电器等，都被广泛地应用在各个领域中，在此不一一介绍了。

（三）手控电器

手控电器属于非自动切换电器，其切换主要依靠直接操作完成。常用的手控电器有刀开关、组合开关等。

1. 刀开关

刀开关（刀形转换开关）是一种结构简单，应用十分广泛的手动电器，主要在无载通断电路中使用，即在不分断负载电流或分断时各级两触头间不会出现明显极间电压的条件下接通或分断电路之用。有时也可用来通断较小的工作电流，作为照明设备和小型电动机不频繁操作的电源开关。当能满足隔离功能要求时，刀开关也可用作电源隔离开关。当刀开关有灭弧罩并用杠杆操作时，也可接通或分断额定电流。刀开关按不同结构形式可分为开启式负荷开关和封闭式负荷开关，按刀的极数可分为单极、双极和三极。

刀开关的主要技术参数有额定电压、额定电流、通断能力、动稳定性电流、热稳定性电流等。通常刀开关的动稳定性电流和热稳定性电流都为其额定电流的数十倍。

2. 组合开关

组合开关又叫转换开关，触点对数多，接线方式灵活，体积小，一般用于电气设备中作为不频繁接通、断开电路，换接电源和负载、控制小容量（5kW以下）异步电动机的启动、停止和正反转。

常用的组合开关有 HZ1，HZ2，HZ3，HZ4，HZ5 以及 HZ10 等系列，其中 HZ10 系列是全国统一设计产品，具有性能可靠、结构简单、组合性强、寿命长等优点。开关主要由手柄、转轴、凸轮、三对动触点和三对静触点及外壳等组成。其三对静触点分别装在三层绝缘垫板上，并附带接线座。动触点是由磷铜片和具有良好灭弧性能的绝缘钢纸板铆合而成，并和绝缘垫板一起套在附有手柄的方形绝缘转轴上。当转动手柄时，每层的动触片随方形转轴一起转动。由于开关采用了扭簧储能，可使触点快速接通或分断，从而提高了开关的通断能力。组合开关有单极、双极和多极之分，以满足不同的控制要求。

（四）低压断路器

低压断路器亦称自动空气开关或自动空气断路器，它集控制和多种保护功能于一体，可用于电路的不频繁通断控制和控制异步电动机，在电路发生过载、短路或欠电压等故障时，能自动切断故障电路，在低压配电电路中得到了广泛应用。

1. 断路器的分类

低压断路器按用途和结构形式可分为框架式、塑壳式、限流式、直流快速式、灭磁式和漏电保护式等六类。其中框架式断路器主要用作配电网络的保护开关，而塑壳式断路器除可用作配电网络的保护开关外，还可用作电动机、照明和电加热电路的控制开关。

2. 断路器的主要技术参数

（1）额定电压。额定电压是指断路器在电路中长期工作时的允许电压。

（2）额定电流。额定电流是指脱扣允许长期通电的电流，即脱扣器额定电流；对可调式脱扣器来说，其额定电流则为长期通过的最大电流。

（3）通断能力。通断能力是指在规定操作条件下，断路器能接通和分断短路电流的能力。

（4）保护特性。保护特性是指断路器的动作时间与动作电流的关系曲线。

（五）熔断器

熔断器是一种利用熔化作用而切断电路的保护电器。熔断器主要由熔体、熔断管和熔座三部分组成。而其中熔体是主要部分，它既是敏感元件又是执行元件，因此熔断器结构比较简单。它具有价格便宜、动作可靠、使用维护方便、结构简单等优点，因此得到了广泛应用。

1. 熔断器的分类

熔断器种类很多，通常可按以下方式分类：按热惯性（发热时间常数）分为无热惯性、大热惯性、小热惯性三种。热惯性越小，熔化越快。按熔体形状熔断器分为丝状、片状、笼状（栅状）三种，按支架结构分为螺旋塞式和管式两种。管式又分为有填料与无填料两种。填料采用石英砂等材料以增强灭弧能力。常用的熔断器有管式熔断器 R1 系列（R 表示熔断器，1 为设计序号），螺旋塞式熔断器 RL1 系列（L 表示螺旋式），有填料封闭式熔断器新产品 RTO 系列以及快速熔断器 RSO、RS1 系列等多种产品。

2. 熔断器的选择

（1）熔断器的类型选择。其类型应根据使用环境、负载性质和各类熔断器的适用范围来进行选择。例如，用于照明电路或容量较小的电热负载，可选用 RCIA 系列磁插式熔断器；在机床控制电路中，较多选用 RLl 系列螺旋式熔断器；用于半导体元件及晶闸管保护时，可选用 RLS2 或 RSO 系列快速熔断器。在一些有易燃气体或短路电流相当大的场合，则应选用 RTO 系列具有较大分断能力的熔断器等。

（2）熔断器的额定电压和额定电流的选择。熔断器的额定电压必须等于或大于被保护电路的额定电压，熔断器的额定电流必须等于或大于所装熔体的额定电流。

（3）额定分断能力的选择。熔断器的分断能力应大于电路中可能出现的最大短路电流。

（4）熔断器保护特性的选择。在电路系统中，为了把故障影响降到最小范围，电器应具备选择性的保护特性，即要求电路中某一支路发生短路故障时，只有距离故障点最近的熔断器动作，而主回路的熔断器或断路器不动作，这种合理的选配称为选择性配合。在实际应用中可分为熔断器上一级和下一级的选择性配合以及断路器与熔断器的选择性配合等。对于熔断器上下级之间的配合，一般要求上一级熔断器的熔断时间至少是下一级的 3 倍；当上下级选用同一型号的熔断器时，其电流等级以相差 2 级为宜；若上下级所用的熔断器型号不同，则应根据保护特性给出的熔断时间来选择。对于断路器与熔断器的选择性配合，具体选择要参考各电器的保护特性。

第二节　电气图、电动机控制电路

一、电气图

电气图一般分为电气原理图、电气位置图和实际安装接线图三种。

(一) 电气原理图

用规定的图形符号，按主电路与辅助电路相互分开并依据各电气元件动作顺序等原则所绘制的电路图，叫作电气原理图。它包括所有电器元件的导电部件和接线端头，但并不按照电气元件实际布置的位置来绘制。原理图的用途是详细理解电路、设备、成套装置及其组成部分的作用原理，为测试和寻找故障提供信息，作为绘制接线图的依据。

(二) 电气位置图

电气位置图是指用来表示成套装置、设备或装置中各个位置的一种图。如机床上各电气设备的位置，机床电气控制柜上各电器的位置，都由相应的位置图来表示。

(三) 实际安装接线图

用规定的图形符号，按各电气元件相对位置绘制的实际接线图叫作安装接线图。它表示成套装置、设备的连接关系，用于安装接线、电路检查、电路维修和故障处理。在实际应用中接线图通常需要与电路图和位置图一起使用。接线图分为单元接线图、互连接线图、端子接线图、电缆配置图等。它清楚地表示了各电气元件的相对位置和他们之间的电气连接，所以安装接线图不仅要把同一个电器的各个部件画在一起，而且各个部件的布置要尽可能符合这个电器的实际情况，但对尺寸和比例没有严格要求。各电气元件的图形符号、文字符号和支路标号均应与原理图一致，以便查对。

二、三相异步电动机控制电路

三相笼型异步电动机在生产实际中广泛应用，它具有结构简单、价格低廉、坚固耐用、使用维护方便等一系列优点。它的控制电路大多由继电器、接触器、按钮等有触点电器组成。本书主要介绍电动机的启动控制电路、正反向运行控制电路及制动控制电路。

(一) 三相异步电动机启动控制电路

三相异步电动机启动控制有全电压直接启动和降压启动控制两种方式。

1. 全电压直接启动控制电路

虽然采用全电压直接启动时控制电路简单，但不是所有笼型异步电动机在任何情况下都可以采用，而是在小容量笼型异步电动机或变压器允许的情况下，笼型异步电动机才可采用全压直接启动。

2. 降压启动控制电路

由电动机的原理可知，三相笼型异步电动机直接启动时，启动电流是电动机额定电流的 4~7 倍。在电源变压器容量不足够大的情况下，会导致变压器电网电压大幅度下降，这样不但会减小电动机本身的启动转矩，甚至会造成电动机根本无法启动，同时还会影响同一供电电网中其他设备的正常工作。

通常情况下，容量超过 10kW 的笼型异步电动机，因其启动电流较大，一般都采用降压启动的方式来启动。常用的降压启动方法有定子绕组串电阻、自耦变压器、Y–△ 转换及延边三角形启动等。

(二) 正反向运行控制电路

在生产加工过程中，往往要求电动机能够实现可逆运行，即正、反转。如机床工作台的前进与后退、万能铣床主轴的正转与反转、起重机的上升与下降等。由电动机的原理可知，若改变通入电动机定子绕组的三相电源相序，即把接入电动机三相电源进线中的任意两根对调接线时，电动机就可反转。所以可逆运行控制电路实质上是两个方向相反的单向运行电路，但为了避免误动作引起电源相间短路，又在这两个相反方向的单相运行电路中加设了必要的连锁。正反转控制电路采用两个接触器，即正转用的接触器 KM1 和反转用的接触器 KM2。当接触器 KM1 的三对主触点接通时，三相电源的相序按 L1，L2，L3 接入电动机。而当 KM2 的三个主触点接通时，三相电源的相序按 L3，L2，L1 接入电动机，电动机即可反转。

电路要求接触器 KM1 和 KM2 不能同时通电，否则它们的主触点就会一起闭合，造成 L1 和 L3 两相电源短路，为此在 KM1 和 KM2 线圈各自支路中相互串联一个动断辅助触点，以保证接触器 KM1 和 KM2 的线圈不会同时断电。正转控制时，按下按钮 SB2，接触器 KM1 线圈获电吸合，KM1 主触点闭合，电动机 M 启动正转，同时 KM1 的自锁触点闭合，互锁触点断开。

反转控制时，必须先按停止按钮 SB1，接触器 KM1 线圈断电释放，KM1 触点复位，电动机 M 断电；然后按下反转按钮 SB3，接触器 KM2 线圈获电吸合，KM2 主触点闭合，电动机 M 启动反转，同时 KM2 自锁触点闭合，互锁触点断开。可不按停止按钮而直接按反转按钮进行反向启动，当正转接触器发生熔焊故障时也不会发生相间短路故障。

（三）制动控制电路

电动机断开电源后，由于其本身及其拖动的生产机械转动部分的惯性，不会马上停止转动，而需要一段时间才会完全停下来，这往往不能适应某些生产机械生产工艺和提高效率的要求。为此，采用了一些制动方法来实现快速和准确地停车。常用的制动方式有机械制动和电气制动两种。机械制动是利用机械装置使电动机断开电源后迅速停转，如电磁抱闸。电气制动是靠电动机本身产生一个和电动机原来旋转方向相反的制动动力矩，迫使电动机迅速制动停转。常用的电气控制方式有反接制动和能耗制动。

1. 反接制动控制电路

反接制动是依靠改变电动机定子绕组的电源相序来产生制动力矩，迫使电动机迅速停转。该线路的主电路和正反转控制线路的主电路相同，只是在反接制动时增加了三个限流电阻 R。线路中 KM1 为正转运行接触器，KM2 为反接制动接触器，KS 为速度继电器，它与电动机同轴连接。启动时，按下启动按钮 SB1，接触器 KM1 通电并自锁，电动机 M 启动运转，当转速上升到一定值（约 120r/min）时，速度继电器 KS 常开触点闭合，为反接制动接触器 KM2 线圈通电做好准备。停车时，按下停止按钮 SB2，其常闭触点先断开，接触器 KM1 线圈断电，电动机 M 暂时脱离电源。此时由于惯性，KS 的常开触点依然处于闭合状态，所以当 SB2 常开触点闭合时，反接制动接触器 KM2 线圈通电并自锁，其主触点闭合，使电动机定子绕组得到与正常运转相序相反的三相交流电源，电动机进入反接制动状态，转速迅速下降，当转速下降到一定值（约 100r/min）时，速度继电器 KS 常开触点恢复断开，接触器 KM2 线圈失电，反接制动结束。

2. 能耗制动控制电路

所谓能耗制动，就是当电动机切断三相交流电源后，立即在定子绕组的任意两相中通入直流电，来迫使电动机迅速停转。启动控制时，合上电源开关 QS，按下启动按钮 SB2，接触器 KM1 线圈获电吸合，KMI 主触点闭合，电动机 M 启动反转。停止能耗制动时，按下停止按钮 SB1，接触器 KMI 线圈断电释放，KM1 主触点断开，电动机 M 断电惯性运转；同时接触器 KM2 和时间继电器 KT 的线圈获电吸合，KM2 主触点闭合，电动机 M 定子绕组通入全波整流脉动直流电进行能耗制动；能耗制动结束后，KT 动断触点延时断开，接触器 KM2 线圈断电释放，KM2 主触点断开直流电源，制动过程结束。

三、电气控制电路稳定运行的可靠性分析

为了使电气控制电路工作时具有稳定的可靠性和安全性，在设计电路中，一方面要考虑电路的可靠性，如控制元件的线圈和触点连接符合国标；各控制元件之间的动作时间，避免产生"竞争"现象；防止"寄生电路"的产生；尽量减少控制元件的数目，以降低故障产生的可能性，等等。另一方面要考虑控制电路工作的安全性，在设计的电路中，考虑采用一定的保护措施，如电气互锁、机械互锁、漏电开关保护、过压保护、失压保护、过载保护、短路保护等多种保护形式。

影响电气控制电路稳定运行的相关因素很多，其主要因素如下：

第一，控制电器元件的稳定可靠性。质量管理体系不健全的企业生产的元器件，一般价格相对低廉、产品认证不健全，会存在一定的品质漏洞，使用后常常会导致控制设备可靠性指标偏低、使用寿命低等。电器元件工作

要稳定可靠，需选择符合国标的器件，其动作精准且与时间的配合不会引起元件间的"竞争"。在时序控制电路中，电路的状态转换，需要几个元件的状态同时变化，而每个元件的动作时间不一样，因此会出现几个不同的输出状态，从而产生"竞争"现象。它将造成电路不能按控制时序要求完成动作。

第二，控制线路图中各电器元件的连接是否符合设计标准。设计电路时，确定电器元件线圈和触点的连接，是否符合电路控制的时序要求，有无"寄生电路"产生的可能。

第三，为了避免控制线路安装时出错，应将主令开关和电磁阀的动作要求及控制流程以动作状态表和工艺过程图的形式标示在图纸上。这样，对照动作状态表和工艺过程图安装控制线路，其元器件线圈和触点的连接就不易出现错误，避免埋下安全隐患。

第四，工作环境及使用维护不当导致控制电路可靠性降低。在电气控制电路所处的工作环境中，大气温度、湿度、外力作用（如振动）和电磁干扰等是影响控制线路稳定工作的主要因素。特别是环境温度过高时，会导致控制电路性能下降、散热不通畅、运动不灵活。另一重点是电磁干扰的影响：如果控制设备工作的周围空间存在电磁干扰，会使设备输出噪声增大，工作不稳定，甚至不能安全工作。同时，操作人员在没有完全掌握控制设备原理的基础上，不能对控制设备进行熟练而正确的操作和对设备进行及时的维护，都会导致控制线路工作的可靠性降低。

第三节　电路设计中的电气控制

随着机械设备、工艺要求的不断提高，机械设备的结构和使用性能、动作程序、自动化程度等方面都与电气控制的自动化程度有着十分密切的关系。一台先进的设备，往往都配备有先进、合理的电气控制系统。在现代化的机械工程设计中，电气控制的设计越来越重要。作为机械工程技术人员，在进行机械设备的设计过程中，要和电气控制系统设计同时考虑、相互依赖、交叉进行才能得到良好的设计方案和使用效果。因此，学习完前面内容的工程技术人员，除了能对一般机械设备的电气控制电路进行分析外，通过本书的学习，还应能对一般机械设备的电气控制电路的设计、安装和调整等方面的知识有一定的了解。通过应用设计的实例，了解如何根据设备工艺要求进行继电器－接触器控制系统的设计，并能应用可编程序控制器控制的有关基本知识。

一、电气设备控制系统设计的基础条件

工业生产中所用的机械设备种类繁多，但电气控制系统的设计原则、设计方法和步骤基本相同。

(一) 电气控制电路的计划

（1）必须树立正确的设计思想，即要有群众观点、工程实践观点和经济观点。群众观点就是设计的电气控制系统比较通俗，一般人员经过短期培训就能掌握操作，能进行维修。新设计的电气控制系统应能满足生产工艺要求，具有安全、可靠、维护方便的特点。工程实践观点就是要求设计出的电气控制系统所采用的电气元器件是标准化、系列化的产品，不用或少用非标准化、非系列化产品。若采用非标准化、非系列化产品，其应是结构简单、设计制造较容易的元器件。此外，所用元器件应便于安装和调整，还应注意经济性。

（2）了解和熟悉所设计机械设备的总体技术要求、加工工艺过程和生产现场的工作条件。

（3）了解该设备中采用的其他系统，如液压系统、气动系统对电气控制系统的技术要求。

（4）了解供电系统情况及所需测量器具的种类等。

（5）通过技术经济分析，确定该控制系统具有的自动化、专业化和通用化程度。

(二) 电器控制线路的构图

电器控制线路是用导线将电机、电器、仪表等电气元件连接起来并实现某种要求的电器线路。电器控制线路应根据简明易懂的原则，用规定的方法和符号进行绘制。在绘制电器控制原理图时，一般应遵循以下原则：

（1）表示导线、信号通路、连接线等的图线都应是交叉和折弯最少的直线。可以水平布置，或者垂直布置，也可以采用斜的交叉线。

（2）电路或元件应按功能布置，并尽可能按其工作顺序排列，对因果次序清楚的简图，尤其是电路图和逻辑图，其布局顺序应该是从左到右和从上到下。

（3）为了突出或区分某些电路、功能等，导线符号、信号通路、连接线等可采用粗细不同的线条来表示。

（4）元件、器件和设备的可动部分通常应表示在非激励和不工作的状态或位置。

(三) 电气设备控制系统的构图计划

（1）确定电气拖动方案与控制方案。

（2）选择拖动电动机的结构形式、型号与容量。

（3）设计电气控制系统原理图。

（4）设计、绘制非标准电器元件和安装零件。

（5）绘制电器位置图、电气系统互联图。

（6）设计和选择电气设备元器件，并列出电器元件明细表。

（7）编写电气控制系统工作原理和使用说明书。

设计中可根据被控制设备及机构的复杂程度，对以上各项内容适当增减，直至达到设计要求。

二、电气控制方案确定的原则与电动机的选择

(一) 电气控制方案确定的原则

电力拖动方案的确定是电气控制系统设计的主要内容之一，也是以后各部分设计内容的基础和先决条件。确定电力拖动方案的一般原则如下所述。

1.电气设备控制方式

确定机械设备传动系统的调速方式，根据机械设备对调速范围、调速精度、调速平滑性的要求来确定调速方案。调速方式有机械调速和电气控制

调速两种。机械调速是通过电动机驱动变速机构或液压传动装置来实现的，但其调速范围小、结构复杂、传动效率低。电气控制调速中对调速指标要求不高的设备，可采用结构简单、运行可靠、价格低廉、维护方便的三相笼型异步电动机拖动。若要进一步简化机械设备的传动机构，提高传动效率，扩大调速范围，可采用多速笼型异步电动机拖动。对于要求调速范围大，平滑性能好，启动、制动频繁，长期运行在低速范围的机械设备的拖动方案，应采用直流调速系统。

目前，常用的直流调速系统有晶闸管直流电动机调速系统和直流发电机－电动机组调速系统等。由于直流调速系统具有体积大、成本高、维修困难等缺点，只在调速指标要求高的场合使用。随着电子交流技术和微电子技术的发展，为交流调速传动奠定了技术基础，使之能与直流调速系统竞争。此外，还能采用能耗转差调速(转子串电阻、电磁转差离合器、定子绕组电压)、串级调速和变频调速等方法。但由于上述交流调速系统的控制设备造价高，运行效率较低，技术较复杂，实际应用仍有较大的难度，还有待于进一步的研究与发展。

2. 拖动方式

单独拖动是指一台设备只有一台电动机拖动，通过机械传动链将动力送到每个工作机构。分立拖动是指一台设备由多台电动机分别拖动各个不同的工作机构。电力拖动发展的趋势是电动机逐步接近工作机构，形成多电机控制的拖动方式。这样能缩短机械传动链，提高系统的传动效率，便于实现自动化，又能使总体结构简化。因此，传动方式的选择要根据设备的结构情况和生产工艺要求，确定应选用电动机的数量。

3. 调速特性与负载特性

在选择电动机调速方案时，要使电动机的调速特性与生产机械的负载特性相适应。电动机的调速特性是指电动机在整个调速范围内的转矩、功率与转速之间的关系，是恒功率输出还是恒转矩输出，而生产机械的负载特性有恒功率和恒转矩两种。恒功率负载时，应采用恒功率的调速方案。恒转矩负载时，同理应采用恒转矩的调速方案。否则，电动机的功能不能得到充分合理的应用。

4. 机械设备传动系统的启动、反向、制动的控制方案

机械设备运动部件传动系统的启动、停止、反向运转及制动的过程，采用控制电动机能较简单、容易地实现。在一般情况下，若电动机容量小于供电变压器容量的 20%，可采用直接启动控制的方法。否则，可采用降压启动控制的方法。若要求具有较大启动转矩的设备，则可采用绕线转子异步电动机转子串电阻限流的拖动方案。当为了便于加工中测量、装卸工件或者更换刀具，要求传动系统能准确、迅速地停机时，可采用机械的或电气的制动方法。当传动系统工作循环较长，且不反向工作时，宜采用控制电路较简单的反接制动方法。当要求制动过程准确、平稳，且不允许有反转可能性时，则应采用能耗制动控制方法。对于高动态性能的设备，需采用反馈控制系统、步进电机系统以及其他较复杂的控制手段来满足启动、制动、反向、快速且平稳的要求。

5. 控制方案的选择

在确定了系统的传动形式之后，进行控制方案的选择时，应根据实际情况，实事求是地进行，既防止脱离实际，也应避免陈旧保守。在保证系统功能的情况下，使用的电气元件越少越好，控制电路越简单越好，以求增加系统工作的可靠性。普通机床需要的控制元件数不多，其工作程序往往是固定的，使用中一般不需要改变原有程序，可采用有接点的继电器－接触器控制系统（虽然该控制系统在电路结构上呈"固定式"），它具有控制功率较大、控制方法简单、价格便宜、易掌握和使用广泛的特点。在控制系统中需要进行模拟量处理及数字运算的，输入输出信号多、控制要求复杂或经常要求变动的，控制系统体积小、动作频率高、响应时间快的，均可根据情况采用可编程控制、数控及微机控制方案。

在自动生产线中，根据控制要求和连锁条件的复杂程度不同，可采用分散控制或集中控制的方案。但各台单机的控制方案和基本控制环节应尽量一致，以便简化设计和制造过程。为满足生产工艺的某些要求，在电气控制方案中还应考虑下述诸方面的问题，如采用自动循环或半自动循环、手动调整、动作程序变更、系统的检测、各个运动之间的联锁、各种安全保护、故障诊断、信号指标、人机关系及照明等。

电气控制系统中控制方式的选择，可根据现场实际工作情况或因负载变化而出现的问题来确定。控制方式主要有时间控制、行程控制、速度控制、电流控制等。简单的控制电路（电磁器件在五件以下）电源，可直接由电网供电。当控制电器较多（电磁器件在五件以上），电路分支较复杂，可靠性要求较高时，应采用控制变压器隔离和降压供电，或采用直流低压供电，这样可节省安装空间，便于与无触点元件连接，动作平稳，检修与操作安全。

（二）电动机的选择

正确地选择电动机是电气控制系统安全、可靠、经济和合理工作的保证，也是实现自动化控制的前提。选择电动机应遵守的基本原则如下：

（1）电动机的机械特性、启动特性和调速特性应适合于生产机械的特点，满足生产机械的要求。

（2）电动机在工作过程中，其功率应被充分利用。

（3）电动机的结构形式应适合生产机械周围的环境条件。

（4）电动机的电流种类，是选用交流电动机，还是直流电动机，要根据生产机械的要求而定。电动机选择合理，才能达到既经济又好用的目的。电动机的选择主要是根据电动机的容量、电流种类、额定电压、额定转速和结构形式等。

1. 电动机容量的选择

正确地选择电动机的容量具有很重要的意义。因此，在为某一台生产机械选配电动机时，首先需考虑电动机的容量，即电动机的额定功率。如果电动机的容量选得过大，虽能保证设备的正常运行，但电动机经常处于不满负荷的情况下运行，功率不能充分利用，电效率和功率因数都不高，造成电力浪费和设备投资、运行费用增加。如果电动机的容量选得过小，除不能充分发挥生产机械的效能外，由于电动机负载过重，长期处于过载情况下工作，电动机会过早地损坏，以至烧毁，不能保证电动机和生产机械的正常运行。因此，必须合理地选择电动机的容量。但是，要合理、准确地选择电动机容量是比较困难的，因为多数机床或机械设备的负载情况比较复杂。以切削机床为例，切削用量变化很大，机床传动系统损失很难计算得十分准确，因此，通常可采用调查、统计、类比或分析与计算相结合的办法来选择。

2. 电动机电流种类选择

电动机电流种类的选择原则：

（1）优先选用三相笼型异步电动机。三相交流电源是最普遍的动力电源，不必经过任何变动就可直接加到三相笼型异步电动机上使用。同时，三相笼型异步电动机还具有结构简单、价格便宜、维护方便、运行可靠等优点。三相笼型异步电动机的缺点是启动相调速性能差。因此，在不要求电动机调速的场合或对启动性能要求不高的生产机械上，如水泵、通风机、空气压缩机、传送带、一般的切削动力头、大型机床及轧钢机的辅助运动机构和一些小型机床上都使用三相笼型异步电动机。

在要求有级调速的生产机械上，如电梯及某些机床可选用双速、三速、四速笼型异步电动机。对要求高启动转矩的一些生产机械，如纺织机械、压缩机及皮带运输机等，可选用具有高启动转矩的三相笼型异步电动机。由于晶闸管变频调速相调压调速等新技术的发展，三相笼型异步电动机将大量应用在要求无级调速的生产机械上。

（2）选用绕线转子异步电动机。对要求有较大的启动、制动转矩及要求一定调速的生产机械，如桥式起重机、电梯、锻压机械等启动、制动比较频繁的设备，常选用绕线转子异步电动机。一般采用转子串接电阻的方法实现启动和调速，但其调速范围有限。近年来，使用晶闸管串级调速，大大扩展了绕线转子异步电动机的应用范围。在水泵、风机的节能调速，压缩机、不可逆轧钢机、矿井提升机、挤压机等生产机械上，串级调速已被日益广泛地应用。

（3）选用直流电动机。直流电动机可以实现无级启动和调速，且启动和调速的平滑性好、调速范围宽、精度高。对于那些要求在大范围内平滑调速以及准确的位置控制的生产机械，如高精度数控机床、龙门刨床、可逆轧钢机、造纸机等，可使用他励或并励直流电动机。对于那些要求电动机启动转矩大、机械特性软的生产机械，如电车、重型起重机等可选用串励直流电动机。

3. 电动机额定电压的选择

当所选用电动机的额定电压低于供电的电源电压时，电动机将由于电流过大而被烧毁，或因电动机绕组绝缘被击穿而损坏。所选电动机的额定电压若高于供电电源电压，电动机将不能启动，或由于电流过大而减少其使用寿命，以致被烧毁。对于交流电动机，其额定电压应与电动机运行场地供电电网的电压相一致。直流电动机一般是由车间交流供电电压经整流器整流后的直流电压供电，选择电动机的额定电压时，要与供电电网的电压及不同形式的整流电路相配合。当直流电动机由不带整流变压器的晶闸管可控整流电路直接供电时，要根据不同形式的整流电路选择电动机额定电压。

4.电动机额定转速的选择

电动机额定转速选择得合理与否，对电力拖动系统的技术指标和经济指标都有较大的影响。相同容量的电动机，额定转速越高，其额定转矩就越小，从而使电动机的尺寸、重量和成本也越小。因此，选用高速电动机比较经济。但是，由于生产机械速度一定，电动机转速越高，减速机构的传动比也越大，使减速机构庞大，机械传动机构复杂。因此，在选择电动机额定转速时，必须全面考虑电动机和机械两方面的因素。断续工作方式或经常正反转的机械设备，要求电动机频繁启动、制动，希望启动和制动越快越好。对于额定转速低的电动机，虽然启动和制动应快，但低速电动机的体积大，因此其机械惯性大，又会延缓启动制动过程。通常电动机的额定转速选在750~1500r/min 较为合适。

5.电动机形式的选择

电动机按其工作方式可分为连续工作制、短时工作制和断续周期工作制三类。原则上，不同工作方式的负载，应选用对应工作制的电动机，但亦可选用连续工作制的电动机来代替。电动机的结构形式按其安装方式的不同，可分为卧式与立式两种。卧式的转轴是水平安放的，立式的转轴则与地面垂直，两者的轴承不同，因此不能混用。在一般情况下，应选用卧式的。立式电动机的价格较贵。对于深井水泵及钻床等，为了简化传动装置，才采用立式电动机。电动机一般两边都有伸出轴，一边可安装测速发电机，另一边与生产机械相连。为了防止周围的介质对电动机的伤害，或因电动机本身故障而引起的灾害，电动机必须根据不同环境选择适当的防护形式。电动机按防护形式的不同可分为以下几种类型。

(1) 开启式。开启式电动机价格便宜，散热好，但容易渗透水汽、铁屑、灰尘、油垢等，影响电动机的寿命和正常运行。因此，它只能用于干燥及清洁的环境中。

（2）防护式。防护式电动机可防滴、防雨、防溅，并能防止外界物体从上面落入电动机内部，但不能防止潮气及灰尘侵入。因此，适用于干燥和灰尘不多且没有腐蚀性和爆炸性气体的环境。在一般情况下均可选用此形式的电动机。

（3）封闭式。封闭式电动机分为自扇冷式、他扇冷式及封闭式三种。前两种可用于潮湿、多腐蚀性、多灰尘及易受风雨侵蚀的环境中。第三种常用于浸入水中的机械（如潜水泵电动机）。此种电动机价格较贵，一般情况下尽量少用。

（4）防爆式。防爆式电动机应用在有爆炸危险的环境中。

三、电气设备控制电路的规划

（一）计划电气设备控制电路的标准

机械设备的电力拖动方案和电动机选定之后，就可以进行电气控制的电路设计。

1. 电路计划的标准

（1）电气控制电路应最大限度地满足机械设备加工工艺过程的要求，设计前要深入现场收集资料，了解设备工作性能、结构特点和实际工作情况；

（2）控制电路应能安全、可靠地工作；

（3）在保证控制功能要求的前提下，控制电路应简单、造价低；

（4）控制电路应便于操作和维修。

2. 电路计划样式

（1）确定控制电路的电流种类和电压数值。

（2）主电路设计。主电路是指从供电电网到被控制对象（如电动机、电磁铁等）的动力装置的电路。主电路的设计主要考虑电动机的启动、正反向运转、制动、变速等的控制方式及其保护环节的电路。

（3）辅助电路设计。辅助电路在电气控制系统中起着逻辑判断、记忆、顺序动作、连锁保护及信号显示等作用。辅助电路含有控制电路、执行电路、连锁保护环节、信号显示及安全照明等电路。

第一，控制电路的设计主要考虑如何实现主电路控制方式的要求和满足生产加工工艺的自动或半自动化及手动调整、动作程序更换、检测或测试等控制要求。

第二，执行电路是用于控制执行元件中的电路。常见的执行元件有电磁铁、电磁离合器、电磁阀等，它们是将电磁能、气动压力能、液压能转换为机械能的电磁器件线圈的控制电路。

第三，连锁保护环节。电气控制系统中各电路除了要保证生产工艺过程所必需的连锁、顺序控制等电路外，还应考虑在出现不正常情况，甚至出现事故的情况下，确保操作人员的安全，防止生产机械和电气设备的损坏，或即使发生误操作时也不至于造成扩大事故范围的连锁保护电路的环节。常见的连锁保护措施有短路保护、过载保护、过电流保护、过电压保护、欠电流或欠电压保护、失（欠）磁保护、终端或超程保护、超速保护、油压保护及连锁保护等。电气控制系统电路中，连锁保护环节一般不单独设立环节，而是穿插在主电路、控制电路和执行电路中。

第四，信号显示与照明电路。信号电路是用于控制信号器件的电路，当电气控制系统中控制对象及其各种工作状态较复杂时，其能明显地显示出各控制对象的工作状态或某一部分出现的故障，以便操作者及时了解和处理故障，确保人身、机械电气设备的安全。常用的信号器件有信号指示灯、蜂鸣器、电铃、电喇叭及电警笛等。

由于机械设备结构、工作要求不尽相同，仅靠车间一般照明设施不能达到预期效果，因此常常需在设备上附设照明器具。为了避免人身直接接触带电压零件和绝缘破坏后的导体而产生的触电危险，机械设备的照明电路应采用安全电压，按国际电工委员会的规定，电路中的最高安全交流电压不得超过25V（有效值），直流电压不得超过60V。

（二）电气控制电路计划程序

电气控制系统采用继电器－接触器控制系统，常用逻辑代数设计法和经验分析设计法两种。

1. 逻辑代数设计法

逻辑代数设计法就是利用逻辑代数这一数学工具设计电气控制电路。

它根据生产过程的工艺要求，将控制电路中的继电器和接触器线圈的通电与断电、触点的闭合与断开、主令元件中的接通与断开等看作逻辑函数和逻辑变量，用逻辑函数关系式表示它们之间的逻辑关系，再运用逻辑函数基本公式和运算规律，对逻辑函数式进行化简，按化简后的表达式，画出相应的电气原理图。

采用逻辑设计法设计的控制电路，能求得某逻辑功能的最简电路。但其整个设计过程较复杂，对于一些复杂的控制要求，还必须增设许多新的条件。因此，实际电气控制电路的设计，逻辑设计法仅作为经验设计法的辅助和补充。

2.经验分析设计法

经验分析设计法是指，根据生产机械对电气控制电路的要求，收集、分析、参观国内外现有的同类生产机械的电气控制电路，利用典型环节单元电路，聚集起来并加以补充、修改、综合成所需要的控制电路。若找不到合适的典型环节时，可根据生产机械的工艺要求与工作过程边分析、边画图，将输入的主令信号经过适当的转换，得到执行元件所需的工作信号，这种方法在设计过程中会出现随时增加电器元件、触点数量以满足工作条件的情况，从而出现电路复杂、不经济的可能。这种设计方法易于掌握，但不容易获得最佳设计方案，而且还要反复审核电路的工作情况，直至电路的动作准确达到控制要求为止。经验设计法的步骤如下：

第一，设计各控制单元环节中拖动电动机的启动、正反向运转、制动、调速、停机等的主电路或执行元件的电路；

第二，设计满足各电动机的运转功能和工作状态相对应的控制电路，以及与满足执行元件实现规定动作相适应的指令信号的控制电路；

第三，连接各单元环节构成满足整机生产工艺要求；实现加工过程自动或半自动和调整的控制电路；

第四，设计保护、连锁、检测、信号和照明等环节控制电路；

第五，全面检查所设计的电路，应特别注意避免电气控制系统在工作过程中因误动作、突然失电等异常情况下发生事故，或所造成的事故不应扩大，力求完善整个控制系统的电路。

为了使所设计的电气控制电路既简单又能可靠地工作，设计控制电路时还应注意以下事项。

1. 正确连接电器的线圈

两个交流励磁的电器线圈不能串联连接，因线圈阻抗与气隙大小有关。在通电时，由于两个电器动作的灵敏度不同，将造成电压分配不均，先动作的电器线圈阻抗大，电压高。而后动作的线圈阻抗小，电压低，无法吸合，又造成电路电流增大，甚至使线圈烧毁。因此，要求两个交流的电器同时动作时，其线圈只能并联连接。同时动作的两直流励磁的电器线圈不能直接并联于电路中。直流电器的线圈在通电时，线圈中储存有磁场能量，当线圈突然断电时，由于线圈电感量较大，所产生的感应电势高。在两个线圈构成的回路中其中一个电器线圈流过的感应电流可能大于工作值，而使其继续吸合，出现延时释放的现象造成误动作。因此，两个直流电器要同时动断时，应采用在一个线圈支路中串上一个常开触点，使断电时不构成回路。

2. 简化电路

简化电路，提高电路工作的可靠性，应减少可用可不用的电器，减少不必要的触点，来降低电路的故障率，可采用合并同类触点的方法。此外，要正确连接电器的触点；合理布置触点，尽量减少被控制的负载或电器在接通时所经过的触点数，否则只要其中某一触点发生故障，则其后各电器均不能正常工作。

3. 合理安排元件触点的位置

常开和常闭触点靠得近，当触点断开时产生电弧，若由于动片动作失灵，则很可能在两对不等电位的触点之间造成电源短路。因此，在电路工作原理不变的情况下，应将同一电器的各触点置于主要电压降元件的同一侧。由于电器元件安装位置不同，如接触器、继电器、熔断器等，或在控制板上，或在电气柜内，而控制按钮、行程开关等电器则安装在控制板外，因此，电气原理图中各电器触点位置是否安排合理将影响电器元件之间相互连接导线的多少，若不合理，不但会造成导线浪费，还会降低电路工作的可靠性。

4. 尽量减少电器不必要的通电时间

在实现正常工作情况下除给必要的电器通电外，其他可通可不通电的电器均应不通电，以节省电能与减少故障隐患。

5. 避免出现寄生电路

控制电路在工作过程中，或在出事故的情况下意外接通的电路，称为寄生电路。出现寄生电路时，可能引起不正常动作或不能实现正常的保护。

参考文献

[1] 刘鹏杰，单文豪，张小倚. 计算机网络与电子信息工程研究 [M]. 长春：吉林人民出版社，2022.

[2] 闫丹，田延娟，秦勤. 计算机网络技术与电子信息工程 [M]. 昆明：云南科技出版社，2019.

[3] 姜云霞，刘可，任相花. 信息编码与通信技术 [M]. 哈尔滨：哈尔滨工业大学出版社，2023.

[4] 廖化容，张俊佳，朱文艳. 电子技术 [M]. 成都：西南交通大学出版社，2020.

[5] 廖利华. 电子技术 [M]. 成都：电子科技大学出版社，2019.

[6] 高峰，丁广乾，方旌扬. 电力电子技术基础 [M]. 北京：机械工业出版社，2023.

[7] 钟晓强，李雄杰. 电子技术及其应用 [M]. 北京：机械工业出版社，2022.

[8] 董爱梅. 机电一体化技术 [M]. 北京：北京理工大学出版社，2020.

[9] 郑勇峰. 机电一体化技术 [M]. 天津：天津科学技术出版社，2020.

[10] 芮延年. 机电一体化系统设计（第 2 版）[M]. 苏州：苏州大学出版社，2021.

[11] 张德良. 机电一体化设计与应用研究 [M]. 天津：天津科学技术出版社，2020.

[12] 侯玉叶. 机电一体化与智能应用研究 [M]. 长春：吉林科学技术出版社，2022.

[13] 彭义兵，许剑锋，罗映. 机电一体化系统：建模、仿真与控制 [M]. 武汉：华中科技大学出版社，2021.

[14] 李志刚，胡国良，龚志远 . 机电一体化控制技术与系统 [M]. 北京：化学工业出版社，2022.

[15] 周洋，谢惠玲，渠华 . 电气工程与机电一体化控制系统研究 [M]. 天津：天津科学技术出版社，2024.